BEI GRIN MACHT SICH IH.
WISSEN BEZAHLT

- Wir veröffentlichen Ihre Hausarbeit,
  Bachelor- und Masterarbeit

- Ihr eigenes eBook und Buch -
  weltweit in allen wichtigen Shops

- Verdienen Sie an jedem Verkauf

Jetzt bei www.GRIN.com hochladen
und kostenlos publizieren

Bibliografische Information der Deutschen Nationalbibliothek:

Die Deutsche Bibliothek verzeichnet diese Publikation in der Deutschen National-
bibliografie; detaillierte bibliografische Daten sind im Internet über http://dnb.d-
nb.de/ abrufbar.

Impressum:

Copyright © 2009 GRIN Verlag, Open Publishing GmbH
Druck und Bindung: Books on Demand GmbH, Norderstedt Germany
ISBN: 9783640471737

Dieses Buch bei GRIN:

http://www.grin.com/de/e-book/139205/principal-agent-theory-in-verbindung-mit-
sozial-motivierten-peer-to-peer

Matthias Siebert

Principal Agent Theory in Verbindung mit sozial motivierten Peer-to-Peer Banking Plattformen

Herausforderungen und Lösungsansätze

GRIN Verlag

GRIN - Your knowledge has value

Der GRIN Verlag publiziert seit 1998 wissenschaftliche Arbeiten von Studenten, Hochschullehrern und anderen Akademikern als eBook und gedrucktes Buch. Die Verlagswebsite www.grin.com ist die ideale Plattform zur Veröffentlichung von Hausarbeiten, Abschlussarbeiten, wissenschaftlichen Aufsätzen, Dissertationen und Fachbüchern.

Besuchen Sie uns im Internet:

http://www.grin.com/

http://www.facebook.com/grincom

http://www.twitter.com/grin_com

Principal Agent Theory in Verbindung mit sozial motivierten Peer-to-Peer Banking Plattformen – Herausforderungen und Lösungsansätze

Neunwöchige Abschlussarbeit im Rahmen der Prüfung im Studiengang Bachelor in Wirtschaftsinformatik der Universität Göttingen

vorgelegt   15.06.2009

Matthias Siebert

Inhaltsverzeichnis

Abbildungsverzeichnis

Tabellenverzeichnis

Abkürzungsverzeichnis

BaFin	Bundesanstalt für Finanzdienstleistungsaufsicht
CGAP	Consultative Group to Assist the Poor
CSR	Corporate Social Responsibility
EU	Europäische Union
FINRA	Financial Industry Regulatory Authority
FINCA	The Foundation for International Community Assistance
IFAD	International Fund for Agricultural Development
IFC	Internationale Finanz-Corporation
KfW	Kreditanstalt für Wiederaufbau
MFI	Mikrofinanzinstitut
MIV	Microfinance Investment Vehicle
MSME	Micro-, small- and medium entersprises
NGO	Non Government Organisation
PAR	Portfolio at risk
SEC	United States Securities and Exchange Commission
UN	United Nations
USAID	United States Agency for International Development

1   Einleitung

„Your tool for change" (MyC4 2009a).

Veränderungen, so scheint es, sind beim Thema Entwicklungshilfe dringend nötig. Die staatliche Entwicklungshilfe sei ein Kind des kalten Krieges und habe mit der jahrzehntelangen Erfolglosigkeit einen Hilfspessimismus ausgelöst, schreibt der Politikwissenschaftler Franz Nuschler (vgl. 2001, S. 6). Die bisherigen Konzepte der Entwicklungshilfe seien fehlgeschlagen. Zudem hinterlasse die Entwicklungshilfe oft den Eindruck der Dauersubvention, Abhängigkeit und Bevormundung (vgl. Erkens 2006, S. 8). Eine Alternative stellen Mikrokredite dar, die direkt an Menschen in Entwicklungsländer ausgezahlt werden, die ansonsten keinen Zugang zum Kapitalmarkt haben, und die als „Hilfe zur Selbsthilfe" dienen sollen. Die Empfänger werden dabei nicht als Bittsteller sondern als gleichberechtigte Geschäftspartner angesehen. Mit der Verbreitung des Internets in den Entwicklungsländern eröffnete sich ein neuer Vertriebsweg. Er bietet die Möglichkeit Menschen, auch über große Entfernungen hinweg, kostengünstig miteinander zu verbinden. Über Onlineplattformen wie Facebook, Twitter, Ebay oder Flickr können Privatpersonen schon seit einigen Jahren untereinander Nachrichten, Waren oder Bilder austauschen, ohne sich persönlich zu kennen. Seit 2005 haben sich auch Plattformen gebildet, die es erlauben, Geld online zu verleihen. Im selben Jahr, das von der UN als Jahr des Mikrokredits ernannt wurde, startete mit kiva.org auch die erste Webseite, mit deren Hilfe Mikrokredite von Privatpersonen an Kreditnehmer in Entwicklungsländer vergeben werden können. Nachteilig ist, dass die Empfänger in den meisten Fällen nicht über einen Internetanschluss verfügen und deshalb Mittler eingesetzt werden müssen. Die Kommunikation und Abwicklung über diese Intermediäre führt zu Informationsasymmetrien, wie sie in der Principal Agent Theory beschrieben werden. Die einseitigen Informationsdefizite verursachen zahlreiche Probleme (siehe Kapitel 3). Der Erfolg der sozial motivierten Plattformen, die Mikrokredite anbieten, hängt auch vom Umgang mit diesen Problemen ab. Ideen dafür sind vorhanden und wurden auch umgesetzt, viele der Lösungsansätze sind jedoch noch nicht ganz ausgereift. Die ausgewählten Plattformen haben für die häufigsten Probleme unterschiedliche Lösungsansätze entwickelt (siehe Kapitel 4).

2 Definitionen

Die Principal Agent Theory gehört zum Forschungsgebiet Neuen Institutionenökonomik und wurde als Modell entwickelt. Mit ihr wird versucht, das Handeln der Wirtschaftssubjekte zu erklären, die bei unterschiedlicher Motivation und insbesondere bei unterschiedlichem Wissensstand als Auftraggeber (Principal) und als Auftragnehmer (Agent) kooperieren. Es ist notwendig, sich mit dieser Theorie auseinander zu setzen, um die Probleme und mögliche Lösungsansätze in sozial motivierten Peer-to-Peer Banking Plattformen beurteilen zu können (Kapital 2.1). Über diese Plattformen können Mikrokredite in Entwicklungsländern finanziert werden (Kapitel 2.2). Zum besseren Verständnis ist es wichtig, die Funktionsweise und die technichen Voraussssetzungen dieser Plattformen zu betrachten (Kapitel 2.3).

2.1 Principal Agent Theory

In der Literatur gibt es eine Vielzahl von Definitionen, von denen sich bisher keine durchsetzen konnte (vgl. Meinhövel 2004, S. 470). Eine eher allgemeine gehaltene Definition liefern Pratt und Zeckhauser (1985, S. 2): „Whenever on individual depends on the action of another, an agency relationship arises. The individual taking the action is called the agent. The affected party is the principal." Eine etwas detailliertere Begriffsbestimmung stammt von Schneider (1988, S. 1182): „Principal-Agent-Beziehungen entstehen, wenn mindestens ein Auftragsgeber und mindestens ein Beauftragter unter Unsicherheit und bei uneinheitlichem Wissensstand untereinander gemeinsame Ziele erreichen wollen, die nur teilweise gleichgerichtet sind und bei denen teilweise auch der Vorteil des einen zum Nachteil des anderen werden kann."

Eine Principal Agent Beziehung ist also ein Auftrag zur Durchführung einer Aufgabe, die durch einen Vertrag zwischen mindestens zwei Akteuren geregelt wird: Dem auftraggebendem Principal und dem auftragnehmenden Agenten (vgl. Alparslan 2005, S. 14). Als klassisches Beispiel für eine Principal Agent Beziehung wird immer wieder das Verhältnis zwischen Patient und Arzt herangezogen (vgl. Arrow 1985, S. 38). Der Patient ist dabei der Principal, dessen Wohlergehen vom Agenten (in diesem Fall dem Arzt) und dessen Wissen abhängt. Gleichzeitig ist es für den Patienten aber schwer nachzuprüfen, ob der Arzt bestmöflich für ihn entschieden und gehandelt hat (vgl. Arrow 1985, S. 38). Weitere Beispiele für Agent und Principal sind u. a. Manager und

Aktionär, Bewerber und Personalchef oder auch Unfallverursacher und Opfer (vgl. Arrow 1985, S. 38).

Principal Agent Beziehung sind typischerweise durch eine ungleiche Verteilung der Informationen gekennzeichnet. Auf der einen Seite ist der Agent, der seine Aufgaben bzw. Produkte besser kennt, als der Auftraggeber, während auf der anderen Seite der Prinzipal üblicherweise eine genauere Vorstellung von den Ergebnissen eines Auftrags hat (vgl. Pratt; Zeckhauser 1985, S. 3). Das beste Ergebnis wird demzufolge nur in einem perfekten Markt ohne Informationskosten erreicht, oder wenn der Vertrag vollständig ist und alle Eventualitäten bereits vor Vertragsabschluss explizit geregelt sind (vgl. Alparslan 2005, S. 14 f.). Diese Annahmen sind in der Realität nicht anzutreffen. Das Ziel ist es also mit den gegebenen ungleichen Informationen das Bestmögliche zu erreichen, die sog. „second-best" Lösung (vgl. Pratt; Zeckhauser 1985, S. 3). Die dabei entgangenen Gewinne bzw. die entstehenden Ausgaben, die zur Reduktion der ungleichen Informationsverteilung aufgewandt werden müssen, werden als agency loss oder agency costs bezeichnet (vgl. Pratt; Zeckhauser 1985, S. 3). Die unterschiedlichen Arten asymmetrischer Informationsverteilungen und ihre Auswirkungen werden im dritten Kapitel allgemein und im Bezug auf Mikrokredite eingehend betrachtet.

Der zeitliche Ablauf einer Principal Agent Beziehung lässt sich in fünf Phasen unterteilen (vgl. Jost 2001, S. 17 ff.):

1. Der Principal bietet dem Agenten einen Vertrag an. Unter einem Vertrag wird in diesem Zusammenhang jedes Regelwerk verstanden, das in der Lage ist, „die Entscheidungen des Agenten zu definieren, zu beeinflussen und zu koodinieren" (Alparslan 2005, S. 14).

2. Der Agent kann den angebotenen Vertrag annehmen oder ablehnen, jedoch dem Principal kein Gegenangebot unterbreiten. Der Agent wird bei der Entscheidung über den Vertrag Alternativen in Betracht ziehen und ihn nur annehmen, wenn seine anderen Möglichkeiten ihm keinen größeren Nutzen bringen.

3. Kommt es zu einem Vertragsabschluss, wählt der Agent im Rahmen seiner verfügbaren Handlungsalternativen seine Arbeitsanstrengungen und führt die Aufgabe durch.

4. Bei der Aufgabendurchführung wirken exogene Einflußfaktoren und beeinflussen die Arbeit des Agenten.

5. Die Aktionen des Agenten sind beendet und das Ergebnis ist dem Agenten und dem Principal bekannt. Der Agent wird vertragsgemäß für seinen Einsatz entlohnt.

Um das Ergebnis zu verbessern bieten sich eine Überwachung des Agenten durch den Principal oder eine Belohnungs- bzw. Bestrafungsstrategie an. In vielen Situationen erweist sich auch die Selbstregulierung des Marktes als ausreichendes Überwachungsinstrument (vgl. Pratt; Zeckhauser 1985, S. 5). Ein gut besuchtes Restaurant oder ein Geschäft, das seit mehreren Jahren existiert, muss die Erwartungen der Kunden größtenteils erfüllt haben. Anbieter, die schlechte Qualität liefern oder Situationen auf Kosten ihrer Kunden ausnutzen, werden gemieden und in der Folge vom Markt verschwinden. Verlässt sich ein Auftraggeber nicht auf diese Selbstregulierung, muss er in Kontrolle oder Belohung investieren. Je umfangreicher und damit kostenintensiver diese Kontroll- und Überwachungsmethoden sind, umso eher wird sich der Principal auch mit weniger oder schlechteren Methoden zufrieden geben (vgl. Pratt; Zeckhauser 1985, S. 5). Vor dem Einsatz der Instrumente ist deshalb eine Kosten-Nutzen-Abwägung erforderlich (vgl. Thoms 2008, S. 74).

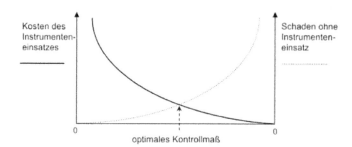

Abbildung 1 - Trade-Off bei der Kontrolle des Agents (Thoms 2008, S. 74)

Bei komplexen Aufgaben, bei denen Kontrollinstrumente oder annähernd vollständige Verträge nur zu unverhältnismäßig hohen Kosten eingesetzt werden können, verbleibt nur das Vertrauen in den Geschäftspartner (vgl. Ripperger 2003, S. 61).

Ein Kredit im Sinne eines Gelddarlehens ist ein Zahlungsversprechen des Schuldners, den geliehenen Betrag mit Zinsen in Zukunft zurückzuzahlen (vgl. Holst 1996, S. 2).

Der Gläubiger stellt ihm im Vertrauen auf dieses Versprechen das Geld zur Verfügung. Dies trifft insbesondere auf Kredite in Entwicklungsländer zu, die innerhalb einer Gemeinschaft, etwa eines Dorfes, vergeben werden (vgl. Akerlof 1970, S. 497 ff.). Auch „credere", der lateinische Ursprung des Wortes Kredit, bedeutet übersetzt „glauben" (vgl. Langenscheidt 2008) und weist auf den Vertrauenscharakter hin.

Vertrauen baut sich vor allen bei langfristigen Geschäftsbeziehungen auf, kann durch einen Intensivierung des Monitorings aber leicht wieder zerstört werden. Ein wenig kontrollierter Agent honoriert diesen Vertrauensvorschuss, in dem er die Intressen des Principals besonders berücksichtigt. Der Agent wertet verstärkte Kontrollen als Misstrauen ihm gegenüber. Mit dem Verlust des Vertrauens entfällt für den Agenten auch die Motivation, ein überdurchschnittliches Anstrengungsniveau aufrecht-zuerhalten. Eine Misstrauensspirale wird so in Gang gesetzt. (vgl. Ripperger 2003, S. 69)

Da die Überwachung des Agenten nicht immer möglich, erwünscht oder zu teuer ist, können auch Messungen des Outputs oder geeignete Leistungsindikatoren dem Principal dabei helfen, die gewünschten Ziele zu erreichen (vgl. Paul 2006, S. 59; Pratt; Zeckhauser 1985, S. 5). Die Herausforderung liegt dabei in der Wahl des Indikators, der einfach zu messen sein muss und gleichzeitig die quantitativen und qualitativen Ziele widerspiegeln sollte (vgl. Paul 2006, S. 59).

Ein Anreiz für den Agenten sind auch immaterielle Güter wie beispielsweise das bereits erwähnte Vertrauen oder Ansehen, das bei bewusstem Fehlverhalten verloren gehen und damit zukünftige Geschäftsbeziehungen erschweren oder gar ganz verhindern kann (vgl. Pratt; Zeckhauser 1985, S. 6). Ferner verhindern auch langfristige Vertragsbeziehungen opportunistisches Verhalten des Agenten, da die drohende Vertragskündigung disziplinierend wirkt und sich bei langfristigen Engagements die Absichten und Qualitäten leichter erkennen lassen (vgl. Jost 2001, S. 139).

In der traditionellen Theorie wird von rein egoistischen Akteuren ausgegangen, die nur ihren eigenen Nutzen maximieren. Durch die Annahme vertikaler Ungleichheitsaversionen zwischen Principal und Agent in Form von Mitleid bzw. Neid lässt sich ein sozialer Kontext herstellen (vgl. Eberlein; Grund 2006, S. 136). Dies kann aber sowohl positive (der Agent strengt sich besonders an, um keinen Neid mehr zu empfinden) als auch negative (der Agent sabotiert gezielt, um sich dem

Principal anzunähern) Auswirkungen zeigen. Aufgrund der komplexen Folgen und der erst am Beginn stehenden Forschung auf diesem Gebiet (vgl. Eberlein; Grund 2006, S. 152) wird die Ungleichheitsaversion in dieser Arbeit nicht weiter berücksichtigt.

2.2   Mikrokredite

Mikrokredite zählen neben Sparangeboten, Versicherungen, Kreditkarten und Zahlungsabwicklungen zu den Mikrofinanzen, die von Mikrofinanzinstituten (MFI) angeboten werden (vgl. Ledgerwood 1998, S. 66). Üblicherweise liegen die ausgezahlten Kreditsummen zwischen 100 und 3.000 US-Dollar bei Laufzeiten von sechs Monaten bis zu fünf Jahren und sind meist für vorher vertraglich festgelegte Ausgaben vorgesehen (vgl. Ledgerwood 1998, S. 83). Als Kreditnehmer für diese Kleinstkredite kommen Personen in Betracht, die die sonst üblichen Sicherheiten für Kredite nicht aufbringen können oder keinen Zugang zu konventionellen Finanzinstituten haben.

Der Bedarf an Mikrokrediten wird jedoch von einigen Organisationen überschätzt: Um zu junge oder zu alte Empfänger nicht mit zu berücksichtigen teilen einige Hochrechnungen zur Bedarfsermittlung die Bevölkerung unterhalb der Armutsgrenze durch die durchschnittliche Haushaltsgröße und rechnen pro Haushalt mit einen Mikrokredit (vgl. Worldbank 2006). Andere Schätzungen reduzieren die Anzahl der potentiellen Empfänger auf die Quote der wirtschaftlich aktiven Bevölkerung des Landes (vgl. Ledgerwood 1998, S. 126 f.), den sog. „working poor" (vgl. Ehrbeck 2006, S. 2). Die geschätzen Zahlen schwanken dabei zwischen 0,5 Milliarden (vgl. Deutsche Bank 2007) und 1,5 Milliarden Menschen (vgl. Ehrbeck 2006, S. 2). Nach der Consultative Group to Assist the Poor (CGAP) müssen bei diesen Zahlen aber noch drei wichtige Faktoren berücksichtigt werden (vgl. Anand; Rosenberg 2008, S. 1):

- Nicht jeder, der für einen Mikrokredit in Frage kommt, will auch einen Kredit aufnehmen.
- Unter den potentiellen Empfängern gibt es Personen oder Gruppen, die nicht in der Lage sind, einen Mikrokredit sinnvoll zu verwenden oder ihn zurückzuzahlen.
- Mikrokreditnehmer benötigen die Kredite nicht immer und nehmen nicht unmittelbar nach jeder Rückzahlung einen neuen Kredit auf.

Die Schätzungen zum Mikrokreditbedarf sollten kritisch hinterfragt werden, da die zu Grunde liegenden Daten in einigen Ländern lückenhaft und nicht immer konsistent sind (vgl. Anand; Rosenberg 2008, S. 3).

Auf Grund der hohen administrativen Kosten sind die Zinsen mit zum Teil über 50 % p. a. sehr hoch. Besonders arme Menschen, die oftmals keine regelmäßigen Einkommen haben, um die Kredite fristgerecht zu tilgen, werden deshalb ausgeschlossen (vgl. Terberger 2002).

Die Vergabe von Mikrokrediten durch MFIs erfolgt an Einzelpersonen, bei denen ihr Geschäftsmodell, ihre vergangenen Finanzaktivitäten und vor allem der Cashflow als Sicherheit gelten (vgl. Ledgerwood 1998, S. 68). Alternativ werden Kredite entweder nach dem Vorbild der Grameen Bank an einen Empfänger aus einer kleinen Gruppe von fünf bis zehn Personen vergeben oder die Kredite werden einer größeren Gruppe mit bis zu 100 Personen zur Verfügung gestellt (vgl. Ledgerwood 1998, S. 69 f.). In beiden Fällen bürgen die Gruppenmitglieder gesamtschuldnerisch für den Ausfall eines Kreditnehmers.

Ein Großteil der Mikrokredite wird an Frauen vergeben. So weist der Jahresbericht 2007 von The Foundation for International Community Assistance (FINCA) für alle Länder in denen die Organisation aktiv ist, einen Frauenanteil von mehr als 50 %, teilweise sogar bis zu 95 % aus (vgl. FINCA 2008, S. 5 ff.). Auch Muhammad Yunus, Gründer der Grameen Bank und Friedensnobelpreisträger (vgl. Nobelprize 2009), bestätigt in einem Interview einen Frauenanteil unter den Mikrokreditempfängern der Bank von 97 %. Frauen gingen weitsichtiger und zuverlässiger mit Geld um (vgl. Ertel; Rao 2006, S. 144).

Die Geldmittel der MFIs stammen entweder von Spendern oder von Investoren und werden in Tabelle 1 mit Beispielen näher erläutert (vgl. CGAP 2008).

Spender	Investoren
Bilaterale Organisationen	**Entwicklungsfinanzierer**
Hilfsorganisationen und Minis-terien von Regierungen in entwickelten Ländern (z. B. United States Agency for International Development (USAID))	Alternative Institutionen zur Finanzierung von Entwicklungs-projekten (z. B. KfW oder IFC)
Multilaterale Organisationen	**Private Investoren**

Organisationen, die von mehreren Regierungen geleitet werden (z. B. Weltbank, UN-IFAD)	Sozial motivierte Privatpersonen stellen ihre Spareinlagen mittels Organisationen oder über Peer-to-Peer-Plattformen zur Verfügung.
Stiftungen	**Institutionelle Anleger**
Von Privatpersonen oder Familien gegründete Stiftungen zur Unterstützung Dritter (z. B. Bill & Melinda Gates Foundation)	Banken, Investmenthäuser oder Pensionsfonds legen Teile ihrer Einlagen in Mikrofinanzierungen an
Internationale NGOs	**Microfinance Investment Vehicles (MIV)**
Auf Mikrofinanzen spezialisierte (z. B. FINCA Int.) oder allgemeiner gefasste Organisationen ohne Regierungsbeteiligung (z. B. CARE)	Auf Mikrofinanzen spezialisierte Investmentgesellschaften die mit Gewinnabsichten in MFIs investieren. (z. B. BlueOrchard)

Tabelle 1 - Mittelbeschaffung für Mikrofinanzen

Im weiteren Verlauf wird spezieller auf die Finanzierung durch private Investoren eingegangen, die über Peer-to-Peer Plattformen im Internet ihr Kapital zur Verfügung stellen.

2.3   Peer-to-Peer Banking

Das englische Wort „peer" bedeutet ins Deutsche übersetzt soviel wie Ebenbürdiger oder Gleichgestellter. Demzufolge steht Peer-to-Peer für eine Verbindung unter Gleichen. In der Informatik versteht man unter Peer-to-Peer ein „sich selbst organisierendes System gleichberechtigter, autonomer Einheiten (Peers), das vorzugsweise ohne Nutzung zentraler Dienste auf der Basis eines Rechnernetzes mit dem Ziel der gegenseitigen Nutzung von Ressourcen operiert" (Steinmetz; Wehrle 2004, S. 52). Damit kann Peer-to-Peer mit der im Vordergrung stehenden Kooperation und Dezentralisierung als Gegenstück zum Client-Server-Prinzip betrachtet werden (vgl. Steinmetz; Wehrle 2004, S. 53).

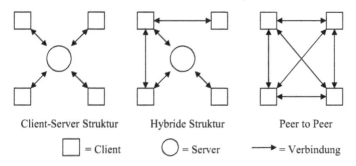

| Client-Server Struktur | Hybride Struktur | Peer to Peer |

□ = Client   ○ = Server   ⟶ = Verbindung

Abbildung 2 - Peer-to-Peer Topologien (vgl Steinmetz; Wehrle 2004, S. 53)

Mit der Annahme, dass hinter jedem Client eine physische Person steht, könnte man Peer-to-Peer auch als „Person zu Person" interpretieren. Mit diesem Ansatz wird es leichter vorstellbar, dass neben dem Austausch von Daten oder Ressourcen auch Gelder übertragen werden können. Dieses Verfahren ist als Peer-to-Peer Banking oder Peer-to-Peer Lending bekannt. Die Nutzer von Peer-to-Peer Banking gehören zur Gruppe der Internetteilnehmer mit der meisten Erfahrung, die auch ihre Finanzgeschäfte online abwickeln. Das Internet gilt dabei als Basistechnologie, die den Abschluss solcher Finanzvorgänge erst ermöglicht hat (vgl. Hulme; Wright 2006, S. 10).

Beim Peer-to-Peer Banking werden Kredite i. d. R. ohne ein zwischengeschaltetes Finanzinstitut gewährt. Dies stellt sowohl für Kreditnehmer als auch für den oder die Kreditgeber einen finanziellen Vorteil dar, da die Kreditzinsen geringen bzw. die Guthabenzinsen ohne Finanzintermediär höher ausfallen. Die von vielen Plattformen verwendeten Auktionsmodelle tragen ebenfalls zu vergleichsweise niedrigen

Kreditzinsen bei (vgl. USAID 2008). Anleger wie Kreditsuchende empfinden aber auch die Anonymität und das einfache Konzept als positiv oder suchen gezielt einen Weg, um ohne Finanzinstitute auszukommen. Die vereinfachte Bonitätsprüfung wird auch von Kreditnehmern als Vorteil gesehen, da ihnen ohne die strengen Regeln einer Bank, eher und schneller ein Kredit gewährt wird (vgl. Siems 2008, S. 31). In dieser Einfachheit liegt für die Anleger wiederum das Risiko, denn auch über Peer-to-Peer Banking vergebene Kredite können ausfallen. Bonitätseinstufungen oder Ratings, die von Wertpapieremissionen bekannt sind, können vor der Vergabe für mehr Transparenz sorgen. Der Verkauf von Forderungen an Inkassounternehmen kann bei Ausfällen den Schaden mildern (vgl. Siems 2008, S. 32). Viele Plattformen setzten diese oder ähnliche Methoden ein und verringern das Risiko auch, indem sie keine 1:1-Finanzierung durchführen; d. h. dem Schuldner des Kredit steht nicht nur ein Gläubiger, sondern mehrere Gläubiger gegenüber.

International bekannt sind vor allem die englische Plattform Zopa, die in 2005 die erste ihrer Art war, sowie das amerikanische Pendant Prosper. Letztere musste die Vergabe von neuen Krediten vorläufig aussetzen, da die United States Securities and Exchange Commission (SEC), die für die Kontrolle und Regulierung des Wertpapierhandels zuständig ist, im November 2008 einen Verstoss gegen geltendes Recht sah und die Plattform dazu aufforderte, jeden weiteren Verstoss zu unterlassen (vgl. P2P-Banking 2008). In Deutschland konnte sich bisher nur smava durchsetzten. Dies liegt nicht zuletzt an den strengeren Aufsichtsbestimmungen, die eine Erlaubnis der Bundesanstalt für Finanzdienstleistungsaufsicht (BaFin) erfordern, sobald die Kreditgeschäfte gewerbsmäßig betrieben werden oder ein bestimmter Umfang erreicht wird (vgl. Siems 2008, S. 32).

Im Februar 2008 sagte Gartner Research Peer-to-Peer Banking einen Anteil am weltweiten Kreditmarkt von 10 % voraus (vgl. Gartner 2008). Auch Havard Business Review wählte Peer-to-Peer Banking auf die Liste der „Breakthrough Ideas for 2009" und erwartet, dass es die wichtigste Innovation im Bereich der Finanzdienstleistungen der nächsten zehn Jahre sein wird (vgl. HBR 2009).

Neben den Onlineplattformen, die Kredite zwischen Privatpersonen oftmals nur innerhalb eines Landes vermitteln, haben sich in den letzten Jahren auch Plattformen etabliert, die Kredite von privaten Kreditgebern und Klein- bzw. Kleinstunternehmern in Entwicklungsländern ermöglichen. Im Gegensatz zu den Plattformen wie Zopa werden die Kredite an „micro-, small- and medium entersprises" (MSME) in

Entwicklungsländer über Intermediäre vergeben, die für Auswahl, Registrierung und auch die später finanzielle Abwicklung zuständig sind. Dies ist erforderlich, weil die potentiellen Kreditnehmer oftmals keinen Internetanschluss, keinen Computer oder keine Ausbildung haben, um sich selbst für einen Kredit zu bewerben (vgl. USAID 2008, S. 14). Auch wird über die Intermediäre eine Auszahlung der Gelder für Kreditnehmer ohne eigenes Bankkonto ermöglicht. Die Intermediäre verursachen jedoch zusätzliche Kosten. Dieser Nachteil spiegelt sich in höheren Zinsen wider und relativiert den Vorteil von Peer-to-Peer Banking. Ferner können die Intermediäre, wie noch gezeigt wird, das Kreditausfallrisiko erhöhen.

3 Asymmetrische Informationsverteilung

Wie bereits im Kapitel 2.1 dargelegt, sind bei einer Principal Agent Beziehung vor allem die ungleich verteilten Informationen mit verantwortlich für den Erfolg bzw. Misserfolg eines Geschäfts. Zu unterscheiden sind dabei die Ursachen für die Ungleichheiten und die Absichten, die die Akteure verfolgen. Die asymmetrische Informationsverteilung kann durch verborgene Eigenschaften (Kapitel 3.2), verborgenes Handel, verborgene Informationen (Kapitel 3.3) und durch verborgene Absichten (Kapitel 3.4) verursacht sein. Zunächst wird jedoch eine Systematisierung vorgenommen, um die Rollen der beteiligten Akteure näher zu betrachten.

3.1 Systematisierung

In der Theorie der Principal Agent Beziehungen bietet der Principal dem Agenten einen Vertrag an, den dieser entweder annehmen oder ablehnen kann – ein „take-it-or-leave-it"-Angebot (vgl. Jost 2001, S. 18). Auf den Kreditmarkt übertragen bedeutet dies, dass die Bank (bei Mikrokrediten das MFI) als Principal dem Kreditnehmer als Agenten einen Kreditvertrag anbietet (vgl. Pfeiffer 2008, S. 4). Die Überlassung eines Geldbetrags, die Informationsasymmetrie zugunsten des Agenten und, wie noch gezeigt wird, der Interessenskonflikt zwischen den beteiligen Akteuren, sind die wichtigsten Merkmale einer Principal Agent Beziehung (vgl. Holst 1996, S. 31). Der Kreditnehmer (Agent) hat dabei mehr bzw. bessere Informationen über seine beabsichtigten Handlungen als der Kreditgeber, dem durch die Auswahl, Überwachung und Durchsetzung der Forderungen erhebliche Verwaltungskosten entstehen (vgl. Pfeiffer 2008, S. 4). Doch auch für den Kreditnehmer besteht ein Interesse daran, das geliehene Geld vollständig und fristgerecht zurückzuzahlen, um

11

seine Kreditwürdigkeit zu wahren und dadurch weitere Kredite zu günstigen Konditionen zu erhalten (vgl. Pfeiffer 2008, S. 16).

Bei der Weitervermittlung der Mikrokredite über die Peer-to-Peer Plattformen werden Intermediäre eingesetzt, häufig MFIs. Diese MFIs sind dann für die Kreditgeber die Agenten, die ihre Dienste über die Plattform den Nutzern anbieten. Die Rolle des auftraggebenden Principals nehmen dabei oft Privatpersonen ein, die sich von ihrem Kapitaleinsatz ein bestimmtes Ergebnis erhoffen, z. B. die Verzinsung ihres Geldes. Auch in dieser Beziehung besteht ein Informationsvorteil für den Agenten gegenüber dem Principal. Die Weitergabe dieser Vorteile an Kreditnehmer oder –geber variiert je nach Institut und benutzter Onlineplattform.

Die Plattformen nehmen bei der Mikrokreditvergabe nur die Rolle eines Vermittlers ein, der die technischen Voraussetzungen schafft und die potentiellen Kreditgeber mit den MFIs auf einem virtuellen Marktplatz zusammenbringt. In einigen Fällen werden die Guthaben der Investoren über die Plattformen verwaltet und sie behalten sich das Recht vor, die zugelassenen MFIs auszuwählen und bei Bedarf auch wieder auszu-schließen.

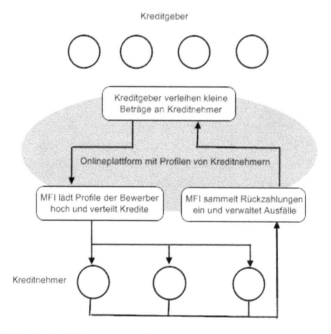

Abbildung 3 – Modell des Peer-to-Peer Bankings mit intermediären MFIs (vgl. USAID 2008)

Die Abbildung 3 verdeutlicht das Zusammenspielt der Akteure auf einer Peer-to-Peer Plattform mit intermediären MFIs.

3.2 Verborgene Eigenschaften

Als verborgene Eigenschaften (Hidden Characteristics) werden jene Eigenschaften des Agenten bezeichnet, die dem Principal vor Vertragsabschluss über dem Agenten verborgen bleiben. Der Agent kann sich opportunistisch verhalten und die Situation gezielt für sich ausnutzen, in dem er Schwächen verbirgt oder bewusst falsche Angaben macht (vgl. Paul 2006, S. 53). Für den Principal besteht das Risiko, einen schlechten Vertragspartner auszuwählen, was auch als „adverse selection" (negative Auslese) beschrieben wird (vgl. Arrow 1985, S. 40). Im schlimmsten Fall kann ein Markt durch das opportunistische Verhalten eines oder mehrerer Agenten ganz zusammenbrechen (vgl. Paul 2006, S. 53).

3.2.1 Verborgene Eigenschaften im Allgemeinen

Die verborgenen Eigenschaften können durch Signaling sowie Screening und Self-Selection reduziert werden. Signaling beschreibt die Fähigkeit eines Agenten, seine Eigenschaften und seine Leistungen offen zu legen, während Screening oder Self-Selection durch den Principal durchgeführt wird, um die Eigenschaften des Agenten zu ermitteln (vgl. Schütt 2006, S. 85).

Mit Self-Selection (Selbstauswahl) soll der Agent dazu bewegt werden, (freiwillig) Informationen über sich preiszugeben. Dazu werden ihm beispielsweise verschiedene Verträge mit unterschiedlichen Belohnungen angeboten. Ein Agent, der seine Leistungen als unterdurchschnittlich einschätzt, wählt eher einen fixen Geldbetrag, während ein Agent mit überdurchschnittlichen Erwartungen die leistungsbezogene Entlohung bevorzugt. Aus der Wahl des Agenten kann der Principal Rückschlüsse auf die zu erwartenden zukünftigen Handlungen ziehen (vgl. Jost 2001, S. 28).

Beim Screening werden Aktionen durch den Principal initiiert, um schlechte Agenten zu erkennen und auszusortieren. Dazu zählen etwa Bewerbungsgespräche oder Assessment-Center bei Personalentscheidungen sowie die Bonitätsprüfungen bei Kreditverträgen. Diese Überprüfungen vor Vertragsabschluss können auch an Dritte, beispielsweise Ratingagenturen, weitergegeben werde, wodurch jedoch eine neue Principal Agent Beziehung einschließlich der damit verbunden Probleme entsteht (vgl. Thoms 2008, S. 65).

Beim Signaling sendet der Agent Signale aus, die seine Qualitäten widerspiegeln sollen. Dies sind beispielsweise Zeugnisse bei Bewerbungsunterlagen oder Einkommensnachweise bei Kreditanträgen. Er möchte sich damit von anderen Agenten abgrenzen und eine höhere Entlohnung erreichen. Für den Principal besteht beim Signaling jedoch das Problem, dass ihm nicht bekannt ist, ob die versprochenen Eigenschaften der Wahrheit entsprechen (vgl. Jost 2001, S. 29).

Ein weit verbreitetes Beispiel für verborgene Eigenschaften und adverse selection ist der Gebrauchtwagenmarkt, der von George A. Akerlof in einem Aufsatz von 1970 als „The Market for Lemons" beschrieben wurde. Für seine Nachforschungen auf dem Gebiet der asymmetrischen Informationsverteilung erhielt er 2001 zusammen mit Spence und Stiglitz den Wirtschaftsnobelpreis (vgl. Nobelprice 2009). Da die Käufer die Qualität der angebotenen Fahrzeuge nicht beurteilen können und erwarten, dass der Verkäufer ihnen einen Nachteil verschweigt, werden sie nicht bereit sein, die höchsten Preise zu bezahlen. Sie kalkulieren das Risiko mit ein, eine „lemon", also einen schlechten Gebrauchtwagen zu erhalten. Verkäufer von guten Fahrzeugen hingegen werden nicht bereit sein, diese zu niedrigeren Preisen und somit unter Wert zu verkaufen. Verkäufer guter Fahrzeuge scheiden deshalb aus dem Markt aus. Folglich werden nur noch schlechte Wagen angeboten, weil diese die guten Fahrzeuge verdrängt haben. (vgl. Akerlof 1970, S. 489 f.)

3.2.2 Verborgene Eigenschaften bei der Mikrokreditvergabe

Bei der Mikrokreditvergabe verfügen die Kreditnehmer gegenüber dem MFI, das ihnen einen Kredit anbietet, über verborgene Eigenschaften. Die Nachfrager werden mittels Signaling vor allem die Informationen kommunizieren, die für ihren Kreditwunsch von Vorteil sind. Ein Hauptaugenmerk liegt also auf dem Screening der potentiellen Kreditnehmer durch das MFI, bei dem auch der Kreditrahmen festgelegt wird. Dabei sollten zuerst die laufenden Einnahmen und Ausgaben berechnet werden. Außerdem muss sichergestellt sein, dass keine weiteren Forderungen bestehen, die eine Kreditrückzahlung beeinträchtigen könnten (vgl. Ledgerwood 1999, S. 36). Diese Forderungen umfassen z. B. Kredite bei anderen Instituten, aber auch Mieten und andere Fixkosten sowie Ausgaben für Zeremonien (z. B. Hochzeiten) müssen berücksichtigt werden. Ferner wird selbst bei einer sozial motivierten Kreditgewährung ein Eigenanteil des Kreditnehmers auch aus psychologischen Gründen empfohlen. Ein zu 100 % fremdfinanziertes Geschäft wird von dem Kreditnehmer mit einem geringeren Arbeitseinsatz oder höherem Risiko betrieben, als ein Geschäft, bei dem das Verlustrisiko auch eigene Ersparnisse oder persönliche Wertgegenstände umfasst. Dies gilt auch in den Fällen, in denen die Eigenmittel nur von symbolischer Bedeutung sind (vgl. Ledgerwood 1999, S. 36).

Jedoch existieren auch zwischen den MFIs und den Kapitalgebern verborgene Eigenschaften. Es gibt eine Vielzahl an Leistungsindikatoren wie beispielsweise die Rückzahlungsrate oder die Kosten pro Kredit, anhand derer ein Investor die Effizienz und Qualität eines MFI beurteilen kann. Eine Auswahl der am häufigsten genutzten Indikatoren ist in Box 1 dargestellt.

<u>Rückzahlungsrate</u>

$$\frac{\textit{Zurückgezahlte Beträge (ohne Zinsen)}}{\textit{Verliehene Beträge}}$$

Die Rückzahlungsrate ist ein weit verbreiteter quantitativer Indikator, dessen Formel jedoch variieren kann und somit die Vergleichbarkeit einschränkt. Die Aussagekraft der Rückzahlungsrate ist vor allem bei jungen Instituten mit schnellem Wachstum geringer, da in der Startphase hohen Aussenständen nur wenige Rückzahlungen gegenüberstehen.

<u>Portfolio at risk (PAR)</u>

$$\frac{\textit{Überfällig Rückzahlungen}}{\textit{Ausstehende Beträge}}$$

Portfolio at risk ist ein Indikator, der den Anteil überfälliger Rückzahlungen im Verhältnis zu den aktuellen Ausständen angibt. Üblicherweise wird eine Rückzahlung erst nach einigen Tagen Toleranz als überfällig deklariert. Da bei PAR keine bereits getilgten oder ausgefallenen Kredite berücksichtigt werden, spiegelt dieser Indikator das aktuelle Risiko besser wider, als z. B. die Rückzahlungsrate.

<u>Delinquentenrate</u>

$$\frac{\textit{Säumige Kreditnehmer}}{\textit{Anzahl der aktiven Kreditnehmer}}$$

Bei unterschiedlich hohen Krediten im Portfolio kann mit der Delinquentenrate ermittelt werden, ob mehr kleine oder mehr große Kredite auszufallen drohen. Ist die Delinquentenrate größer als das Portfolio at risk sind eher die kleinen Kredit bedroht und umgekehrt.

Kosten pro Kredit

$$\frac{Betriebskosten}{Anzahl\ der\ Kredite}$$

Die Kosten pro Kredit sind ein Idikator, der vorallem im zeitlichen Verlauf von Interesse ist, da sich daran die Effizienzsteigerungen eines MFI ablesen lassen. Zum Vergleich mehrerer MFIs untereinander dienen die Kosten pro Kredit weniger, da sie stark von der Höhe und der Laufzeit der Kredite abhängen.

Box 1 - Auswahl an Leistungsindikatoren von MFIs (vgl. Ledgerwood 1999, S. 205 ff.)

Die Institute haben die Möglichkeit, die veröffentlichten Indikatoren und deren Werte, etwa durch Variationen im Zähler bzw. Nenner, zu beeinflussen. So spielt beispielsweise die Entscheidung ob und wann säumige Kredite aus den Büchern gestrichen werde eine entscheidende Rolle für den Portfolio at risk Indikator (vgl. Ledgerwood 1999, S. 210).

3.3 Verborgenes Handeln und verborgene Informationen

Nach dem Vertragsabschluss ist der Principal daran interessiert, dass der Agent möglichst viel Arbeitseinsatz im Interesse des Principals erbringt, da eine höhere Einsatzbereitschaft auch die Wahrscheinlichkeit eines besseren Ergebnisses erhöht (vgl. Arrow 1985, S. 38). Das Ergebnis wird neben dem Einsatz des Agenten aber auch durch exogene Einflussfaktoren bestimmt. Es besteht also kein eindeutiger Zusammenhang zwischen dem Verhalten des Agenten und dem Erfolg bzw. Misserfolg eines Auftrags (vgl. Jost 2001, S. 26). Der Principal ist in vielen Situationen nicht in der Lage, die Handlungen des Agenten zu beobachten, es liegt also ein verborgenes Handeln (hidden action) vor (vgl. Arrow 1985, S. 38 f.). Ein Misserfolg kann demzufolge durch den Agenten mit äußeren Einflüssen anstatt mangelnder Einsatzbereitschaft begründet werden. Auch kann er sich bewusst für ein

Handeln entscheiden, das nicht im Sinne des Principals ist (vgl. Jost 2001, S. 26). Dieser Umstand wird in der Literatur als moralisches Risiko (moral hazard) beschrieben und stammt ursprünglich aus der Versicherungstheorie. Der Versicherungsnehmer erhält dort für mangelnde Sorgfalt und anderes Fehlverhalten wie etwa leichtfertig verursachte Unfälle oder vorsätzliche Brandstiftung eine Entschädigung, sofern die grobe Fahrlässigkeit oder der Vorsatz nicht nachweisbar sind (vgl. Arrow 1985, S. 39).

Erhält der Agent auftragsbezogene Informationen, über die der Principal nicht verfügt, so werden diese als verborgene Informationen bezeichnet. Diese Informationen kann und sollte der Agent für seine Entscheidungen und Handlungen benutzen, für den Principal ist aber nicht ersichtlich, ob der Agent den Informationsvorsprung im Interesse und zum Nutzen des Principals einsetzt (vgl. Arrow 1985, S. 39). Verborgene Informationen liegen auch vor, wenn die Handlungen beobachtet werden können und somit verborgenes Handeln auszuschließen ist, die Konsequenzen daraus vom Principal mangels fachlichem Wissen aber nicht beurteilt werden können (vgl. Paul 2006, S. 55). Auch in diesem Fall hat der Agent durch sein Fachwissen einen Informationsvorteil, den er bewusst opportunistisch einsetzen kann, was ebenfalls ein moralisches Risiko darstellt.

3.3.1 Verborgenes Handeln und verborgene Informationen im Allgemeinen

Verborgenes Handeln und verborgene Informationen stellen Informationsasymmetrien dar, die nach Vertragsabschluss auftreten. Diese können durch Überwachung (Monitoring) verringert werden. Eine ununterbrochene Beobachtung sämtlicher Handlungen des Agenten durch den Principal ist jedoch zeit- und damit auch kostenintensiv und somit wenig sinnvoll. Der zuvor beschriebene Mangel an Fachwissen des Principals erweist sich bei der Überwachung ebenfalls als nachteilig. Ebenso wie beim Screening kann auch diese Aufgabe an einen fachlich versierteren Dritten übertragen werden, dem sog. delegated monitor (vgl. Thoms 2008, S. 67). Diese Funktion kann auch eine staatliche Instanz wie beispielsweise beim Wertpapier-handel die Finanzaufsicht übernehmen. Beim Delegieren der Überwachung an einen Außenstehenden muss jedoch beachtet werden, dass dadurch eine weitere Principal Agent Beziehung entsteht, weil der Beauftragte ebenfalls Interessen haben kann, die nicht denen des Principals entsprechen (vgl. Jost 2001, S. 145).

Die Auswirkungen von verborgenem Handeln und von verborgenen Informationen lassen sich am Beispiel einer Autowerkstatt darstellen: Der Kunde (Principal) gibt sein Fahrzeug morgens in der Werkstatt (Agent) ab, um z. B. einen Fehler beheben zu lassen. Üblicherweise wird er nicht während der Reparatur anwesend sein und kann deshalb nicht beurteilen, ob die später in Rechnung gestellten Arbeiten wirklich durchgeführt wurden. Selbst wenn er die Arbeit an seinem Fahrzeug beobachtet, wird er wegen fehlender Fachkenntnis nicht einschätzen können, ob sämtliche Arbeitsschritte nötig sind und ob diese in der bestmöglichen Qualität durchgeführt wurden. Im ungünstigsten Fall nutzt der Mechaniker diesen Umstand aus und verzögert die Reparatur und berechnet einen überhöhten Zeitaufwand oder nicht verwendete Ersatzteile. Qualitätsmängel kann die Autowerkstatt einem fachlich nicht versierten Kunden gegenüber leichter verbergen. Durch das Beaufsichtigen der Arbeiten oder durch das Beauftragen eines unabhängigen Sachverständigen kann der Fahrzeugbesitzer zwar die Informationsasymmetrien verringern, es entstehen ihm aber zusätzliche Kosten. Mit einer Garantieverlängerung werden die Risiken zwar auf die Autowerkstatt zurückübertragen, die Mehrkosten der Garantieverlängerung trägt auch in diesem Fall der Kunde.

3.3.2 Verborgenes Handeln und verborgene Informationen bei der Mikrokreditvergabe

Seitens des Kapitalnehmers liegt auf jeden Fall ein verborgenes Handeln vor. Die Idee hinter den Peer-to-Peer Plattformen für Mikrokredite sieht vor, dass vergleichsweise wohlhabende Personen in entwickelten Ländern Gelder an Menschen in Entwicklungsländer verleihen. Dies beinhaltet eine nicht unerhebliche räumliche Distanz deren Überwindung mit hohem finanziellen und zeitlichen Aufwand verbunden ist. Allein die Kosten für Hin- und Rückflug z. B. von Frankfurt/Main nach Accra (Ghana) liegen zurzeit bei über 1.000 EUR[1], dieser Aufwand übersteigt bereits die üblichen Mikrokreditsummen. Eine persönliche Überwachung ist somit ausgeschlossen. Selbst für MFIs vor Ort wird eine regelmäßige Überwachung zur Verhinderung von „moral hazard" durch die Kreditnehmer als zu teuer eingeschätzt. Die Institute sollten sich deshalb auf die Schaffung geeigneter Rahmenbedingungen beschränken sollten (vgl. Ledgerwood 1999, S. 36). Das bedeutet u. a., die

---

[1] Lufthansa.com online Flugbuchung für einen Erwachsenen, 1.031 € am 20.05.2009

Kreditkonditionen müssen so ausgestaltet werden, dass eine Tilgung zu bewerkstelligen ist.

Auch der Umstand der verborgenen Informationen ist durch die räumliche Distanz gegeben. Ebenso spielen aber auch Faktoren wie die Kultur, das Klima und das Marktumfeld eine wichtige Rolle. All diese Aspekte unterscheiden sich zum Teil erheblich von dem, was Investoren aus ihrer Umgebung kennen. Es fehlt also das nötige Fachwissen um zu beurteilen, ob ein Geschäftsmodell erfolgversprechend ist und welche Rahmenbedingung vorteilhaft sind und welche nicht. Die Verantwortung liegt hier beim MFI vor Ort, die vorherrschenden Bedingungen zu analysieren und in die Bewertung des Geschäftsmodells mit einzubeziehen. Denn anders als die Investoren sollte sich ein MFI in einem Entwicklungsland besser mit den dortigen Umständen auskennen. Idealerweise hat sich das Institut spezialisiert, etwa auf bestimmte Bevölkerungsgruppen, Branchen oder auf ländliche bzw. städtische Gebiete (vgl. Ledgerwood 1999, S. 37 ff.). Damit kann Fachwissen und Erfahrung gebündelt und besser auf die Bedürfnisse der Kreditnehmer eingegangen werden. Der Umfang verborgener Informationen zwischen MFI und Kreditnehmer wird somit verringert. Ebenso können die Institute die Kreditnehmer nicht nur mit Krediten, sondern auch mit Ausbildung unterstützen und die Gefahr reduzieren, dass ein Kredit ausfällt, weil Informationen falsch gedeutet oder nicht beachtet werden. Beispielhaft sei hier der Agrarsektor genannt. Ein Investor vermag nicht zu beurteilen, ob ein Kredit durch äußere Einflüsse wie etwa Dürre nicht zurückgezahlt wird oder weil der Empfänger nicht mit der erforderlichen Sorgfalt seiner Arbeit nachgegangen ist. Ein MFI vor Ort, das Erfahrung mit der lokalen Landwirtschaft hat, kann und sollte den Kreditnehmer beraten und unwirtschaftliche Projekte erkennen.

3.4   Verborgene Absichten

Mit dem Begriff verborgene Absichten (hidden intention) werden Motive und Intentionen des Agenten bezeichnet, die vor Vertragsabschluss nicht bekannt sind. Kommen diese Absichten des Agenten danach zum Vorschein und sind sie gegen die Interessen des Principals gerichtet, spricht man von einem „hold up", also einem Überfall (vgl. Paul 2006, S. 55). Der Principal hat zu diesem Zeitpunkt bereits Investitionen getätigt und sich damit in eine einseitige Abhängigkeit vom Agenten begeben, die dieser nun für seine Zwecke ausnutzen kann (vgl. Ripperger 2003, S. 67).

3.4.1 Verborgene Absichten im Allgemeinen

Verborgene Absichten des Agenten können bereits vor Vertragsabschluss bestehen oder sich erst danach entwickeln. Anders als beim verborgenen Handeln, dass der Principal bei der Auftragsdurchführung nicht beobachten kann, werden die Absichten bei der Auftragsdurchführung offensichtlich und sind dann nicht mehr verborgen (vgl. Dietl 1993, S. 141). Als Beispiel nennt Dietl (1993, S. 142) hierfür einen Grundstückseigentümer, der sein Land an ein Unternehmen verpachtet, das darauf ein Gebäude errichtet. Der Pächter kann dabei die Zahlungen mit sofortiger Wirkung einstellen während der Besitzer des Grundstücks nicht in der Lage ist, sein Eigentum von dem Gebäude zu lösen und das Grundstück neu zu verpachten.

Eine solche „hold up"-Situation kann verhindert werden, wenn sich sämtliche Ressourcen im Besitz des Principals befinden (vgl. Dietl 1993, S. 150 f.). In dem Beispielfall würde dies bedeuten, dass der Grundstückseigentümer auch das darauf errichtete Gebäude erwerben müsste, um nicht mehr von dem Unternehmen abhängig zu sein. Dies funktioniert jedoch nicht bei allen Ressourcen. Immaterielle Güter wie das Expertenwissen eines Mitarbeiters z. B. kann nicht gekauft werden. Um trotzdem das Risiko zu verringern bietet es sich an, die einseitige Abhängigkeit in eine wechselseitige zu überführen, etwa durch das Hinterlegen eines Pfandes oder einer Sicherheit (vgl. Dietl 1993, S. 151). Dabei wird jeder Akteur sowohl zum Principal als auch zum Agenten und ist somit vom jeweils anderen abhängig.

3.4.2 Verborgene Absichten bei der Mikrokreditvergabe

Wenn der Kreditnehmer bereits vor dem Erhalt eines Mikrokredits plant, diesen nicht zurückzuzahlen, für vertragsfremde Zwecke zu verwenden oder kurz vor Ende der Laufzeit eine Vertragsverlängerung einzufordern, würde dies einer „hold up"-Situation entsprechen, da der Kapitalgeber in Vorleistung getreten ist und nun eine Gegenleistung erwartet. Wie bereits im vorherigen Abschnitt erwähnt, können hinterlegte Sicherheiten eine solche Situation verhindern. Auch bei Mikrokrediten werden i. d. R. Sicherheiten vom Kreditnehmer eingefordert, die zum Teil eher symbolischen Charakter haben und nicht die Kredithöhe abdecken aber trotzdem einen Anreiz gegen opportunistisches Handeln bieten (vgl. 2.2). Diese Sicherheiten könnten bei einer „hold up"-Situation eingefordert werden.

3.5   Schlussfolgerung

In diesem Kapitel wurden die Ursachen und Ausprägungen von asymmetrischen Inforamtionsverteilungen erläutert. Sie treten jeweils zu unterschiedlichen Zeitpunkten auf und verlangen vom Principal unterschiedliche Reaktionen. Bei der Auswahl geeigneter Lösungsansätze müssen deren Kosten in Beziehung zu den entstehenden Kosten bei opportunistischen Handlungen des Agenten gesetzt werden. Gerade bei den verhältnismäßig geringen Mikrokreditenbeträgen ist ein Einsatz kritisch zu prüfen.

Die nachfolgende Tabelle 2 stellt die unterschiedlichen Informationsasymmetrien, deren Ursachen und mögliche Lösungsansätze dar.

	Verborgene Eigenschaften	Verborgenes Handeln und verborgene Informationen	Verborgene Absichten
Zeitpunkt des Auftretens	Vor Vertragsabschluss	Nach Vertragsabschluss	Vor/Nach Vertragsabschluss
Informations-problem des Principals	Eigenschaften der Leistung/des Produkts sind unbekannt	Handlungen des Agenten können nicht beobachtet oder nicht beurteilt werden	Absichten des Vertragspartners sind vor Vertrags-abschluss unbekannt
Bezeichnung	Adverse Selection	Moral Hazard	Hold Up
Lösungs-ansätze	Screening, Signaling und Self-Selection	Monitoring	-
	Intressensangleichung		

Tabelle 2 – Zusammenfassung der assymetrischen Informationsverteilung

4   Lösungsansätze bei ausgewählten Onlineplattformen

Für die aufgezeigten Probleme bei der Vergabe von Mikrokrediten an Empfänger in Entwicklungsländern haben Onlineplattformen unterschiedliche Lösungsansätze entwickelt. Zum besseren Verständnis werden die Ideen und Konzepte der ausgewählten Portale vorgestellt und näher erläutert. Die Auswahl beschränkt sich dabei auf die zur Zeit größten und bekanntesten Projekte: Die gemeinnützigen amerikanischen Seite kiva.org, das dänischen Projekt MyC4 und das zum ebay-

Unternehmen gehörende microplace.com sowie die Peer-to-Peer Spendenplattform betterplace.org.

4.1 Kiva.org

Am 12. Oktober 2005 gab kiva in einer Pressemitteilung die Eröffnung der ersten Webseite bekannt, auf der Privatpersonen Mikrokredite an Kleinstunternehmer oder Gruppen in Entwicklungsländern vergeben können (vgl. Kiva 2005). Seit dem Start des Dienstes wurden Kredite von 500.000 Kreditgebern im Wert von über 75 Millionen US-Dollar an mehr als 180.000 Kreditnehmer vergeben (Stand: 30.05.2009; vgl. Kiva 2009a). Im Vergleich zu institutionellen Investoren sind diese Summen noch gering, wachsen aber stetig an. Für die erste Million US-Dollar brauchte Kiva ein Jahr, aktuell steigt die Summe wöchentlich um ca. eine Million US-Dollar. Allein im April 2009 wurden fast 4,5 Millionen US-Dollar verliehen (vgl. Kivanews 2009). Investoren können dabei selbst auswählen, wem sie ihr Kredit geben möchten. Sie handeln dabei sozial motiviert ohne Gewinnabsicht, denn das geliehene Geld wird dem Kreditgeber nicht verzinst.

Bevor sich ein potentieller Empfänger auf der Webseite um einen Kredit bewerben kann, werden er und sein Geschäftsmodell in Interviews überprüft und ggf. auch vor Ort besucht. Dieses Screening der Kreditnehmer erfolgt über MFIs, die in der jeweiligen Region tätig sind. Auf Kiva werden sie als Field Partner bezeichnet und pflegen nach erfolgreicher Überprüfung die Daten zur ausgewählten Person oder der Gruppe und dem zu finanzierendem Projekt sowie einem aktuellem Bild in die Kiva Datenbank ein (vgl. Kiva 2009b). Als Field Partner kann sich jedes Institut bewerben, das mindestens 1000 Kreditnehmer betreut, bereits längere Zeit tätig ist (2-3 Jahre) und seit mindestens einem Jahr Finanzprüfungen durchführt (vgl. Kiva 2009b). Es wird ein ausgewogenes Portfolio auf der Kiva Plattform angestrebt, deshalb können Partner abgelehnt werden, obwohl sie den oben genannten Richtlinien Kivas entsprechen. Diese Ausgewogenheit bezieht sich auf Risiken, Regionen und die Nachfrage nach Mikrokrediten.

Bei den zugelassenen Field Partnern wird angegeben, wie lange sie bei Kiva bereits aktiv sind und wieviele Kredite seitdem in welcher Höhe vergeben wurden. Jedes MFI wird von Kiva in eine von fünf Risikoklassen eingeteilt und mit einer entsprechenden Anzahl von Sternen gekennzeichnet (vgl. Kiva 2009c). Neben der Ausfallquote und einer langen Liste von Durschnittswerten, die jeweils mit denen aller Field Partnern verglichen werden, wird auch der durchschnittliche Zinssatz angegeben, den Kreditnehmer an die Field Partner zahlen müssen. Diese Zinsen, die nur zur Kostendeckung der MFIs dienen sollen, sind für die einzelnen Kredite jedoch nicht bekannt. Kiva finanziert sich als gemeinnützige Organisation aus Spenden und transferiert die finanzierten Kredite ohne Abzüge an die Field Partner (Siehe Abbildung 4). Viele Unternehmen stellen die zum Betrieb der Plattform nötigen Materialien und Dienstleistungen kostenlos zur Verfügung, so erfolgt beispielsweise die Zahlungsabwicklung gebührenfrei über die Ebay-Tochtergesellschaft PayPal (vgl. Kiva 2009d).

Anhand der oben beschriebenen Daten zu dem Field Partner und dem kurzen Text samt Bild vom Kreditnehmer können die Investoren auf Kiva 25 US-Dollar oder ein Vielfaches davon bis zur vollen Kreditsumme zinslos verleihen. Liegt das Auszahlungsdatum vor dem Datum des Listings, ist der Kredit bereits ausgezahlt. In diesem Fall hat das MFI aus eigenen Mitteln den Kredit vorfinanziert und übernimmt, wenn die komplette Kreditsumme über kiva nicht erreicht wird, auch das Ausfallrisiko (vgl. Kiva 2009e). Dieses wird ansonsten von den Investoren getragen. Das Wechselkursrisiko wegen eines im Verhältnis zur Landeswährung gestiegenen US-Dollars übernahmen bisher komplett die MFIs. Zukünftig sollen sie die Möglichkeit haben, eine „shared currency risk" Option bei den Projekten zu aktivieren. Damit sollen künftig die Investoren einen Teil der Kosten tragen, sofern die Abwertung oberhalb eines vorher festgelegten Prozentsatz liegt (vgl. P2P-Kredite 2009). Wechselkursgewinne werden auch nach Einführung der geplanten Option nicht mit den Investoren geteilt. Der genaue Startzeitpunkt von shared currency risk ist noch nicht bekannt. Für Investoren aus dem Euro Währungsraum ergibt sich damit sogar ein doppeltes Währungsrisiko, da die Beträge an Kiva erst in US-Dollar umgerechnet werden müssen.

Mit dem Kiva Fellows Programm möchte Kiva die Transparenz und damit das Vertrauen in die Field Partner erhöhen. Freiwillige können sich für dieses Programm bewerben, um für mindestens zwei Monate bei einem MFI vor Ort mitzuhelfen. In dieser Zeit führen sie Screenings durch, aktualisieren Daten und Journale auf den Kiva-Seiten und betreiben einen Blog, der die Situation vor Ort Interessenten näher bringen soll. Ein Blog (Kurzform von Weblog) ist ein online geführtes Tagebuch (vgl. Spielkamp 2005, S. 78). Mit ihrem Wissen und den Vorbereitungen von Kiva soll den

MFIs vor Ort geholfen werden, die Prozesse zu verbessern und mit weniger Verwaltungsaufwand zu bewältigen (vgl. Kiva 2009f).

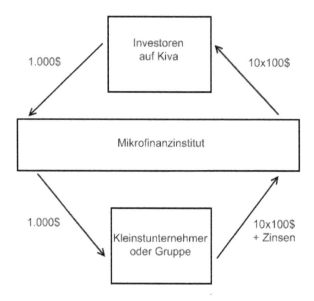

Abbildung 4 - Monetärer Kreislauf über Kiva

Aus den auf den Webseiten verfügbaren Daten und der Abwicklung der Kreditgeschäfte lassen sich einige Ansätze zur Risikominimierung der asymmetrischen Informationsverteilung ableiten. Kiva übernimmt das Screening der Field Partner und versucht durch die Zulassungsbeschränkungen und die individuelle Risikoanalyse unseriöse Institute bereits vor der Kreditvergabe auszuschließen. Auch Institute mit zu riskanten Krediten werden ggf. abgelehnt oder durch die 5-Sterne-Bewertung als besonders riskant eingestuft. Die zugelassenen Field Partner führen wiederum das Screening der potentiellen Kreditnehmer durch. Dabei bekommen sie von den Teilnehmern des Kiva Fellows Programms Unterstützung bei der Auswahl. Gleichzeitig können die von Kiva ausgebildeten Teilnehmer sich auch mit Kiva in Verbinung setzten und frühzeitig auf mögliche Probleme vor Ort hinweisen und versuchen, diese zu beheben. Mit den beiden Screeningverfahren können die Risiken einer „adverse selection" (vgl. 3.2) reduziert werden.

Die von Kiva eingesammelten Beträge werden ohne Abzüge an die Kreditnehmer transferiert. Die Field Partner können die Zinsen zur Kostendeckung oder

Rücklagenbildung einbehalten. Damit ergibt sich eine Interessenangleichung zwischen den Field Partnern und den Investoren, denn die Field Partner profitieren erst von einem vergebenen Kredit, wenn dieser zurückgezahlt wird. Vernachlässigt das Institut beim Screening der Kreditnehmer oder während der Kreditlaufzeit seine Aufgaben riskiert es, nicht mehr für die geleisteten Anstrengungen entschädigt zu werden. Wird der Kredit nicht an den Kreditgeber zurückgezahlt, können von den Field Partnern auch keine Zinszahlungen zur Kostendeckung einbehalten werden.

Durch das über Kiva zinslos zur Verfügung gestellte Kapital sind die MFIs in der Lage, ihre Kredite günstiger anzubieten als andere Institute, die marktübliche Kapitalzinsen zahlen müssen. Der weltweit durchschnittliche Kreditzinssatz, den die Field Partner mit über Kiva finanzierten Krediten berechnen, liegt bei 23,27 % (Stand 30.05.2009, vgl. Kiva 2009a) und damit unter dem, was Geldverleiher vor Ort oder konventionelle MFIs verlangen (vgl. 2.2). Weitere Kredite werden nicht mehr oder nur zu deutlich schlechteren Konditionen gewährt, wenn sich der Kreditnehmer nachweislich opportunistisches verhalten hat. Damit gibt es für den Kreditnehmer Gründe seine Informationsvorteile nicht auszunutzen. Er zieht aus einer langfristigen Beziehung, bei der ihm günstige Konditionen gewährt werden, einen höheren Nutzen, als beim einmaligen Ausnutzen seiner Informationsvorteile und wird sich bemühen, die Rückzahlungen fristgerecht vorzunehmen.

Treten trotzdem Probleme auf und die Rückzahlungen erfolgen zu spät oder fallen ganz aus, werden Kiva oder die Field Partner vor Ort aktiv und erforschen die Ursachen. Die Ergebnisse der Nachforschung werden im sog. Journal des Kreditnehmers veröffentlicht. Das Journal ist wie ein Blog, also ein online Tagebuch, aufgebaut, bei dem Investoren und Interessenten sich mit Kommentaren zu den Einträgen auch austauschen können. Die Institute sind zudem angehalten auch bei Krediten, deren Rückzahlung planmäßig verläuft, mindestens einen Statusbericht im Journal zu veröffentlichen. Erfolgt dieser nicht, kann sich das negativ auf die zuvor beschriebene 5-Sterne Risikobewertung auswirken.

4.2 MyC4.com

MyC4 wurde im Mai 2006 als ein Joint Venture zwischen Mads Kjær, Tim Vang und der Kjaer Group in Kopenhagen, Dänemark, gegründet. Während die Investoren über Kiva.org keine Rendite erwirtschaften können, dürfen die Anwender auf MyC4 selbst bestimmen, welchen Kreditzins sie für ihr eingesetztes Kapital verlangen wollen. Die primäre Zielgruppe der Kredite sind kleine und mittelständische Betriebe in Entwicklungsländern die, anders als Einzelpersonen oder Großunternehmen, Probleme mit der Kreditaufnahme haben, aber entscheidend zum nationalen Wohlstand beitragen (vgl. MyC4 2008). Insgesamt wurden über die Onlineplattform bisher mehr als 4.500 Investitionsprojekte mit einer Gesamtsumme von über 8,5 Millionen Euro finanziert (Stand: 25.05.2009, vgl. MyC4 2009a).

MyC4 arbeitet profitorientiert und erwartet den Break-Even in 2011 (vgl. MyC4 2009b). Das übergeordnete Ziel ist es, einen bedeutenden Beitrag beim Erreichen der, auf dem Milleniumgipfel der UN gesteckten Ziele zu leisten: Bis 2015 die Armut auf der Welt zu beenden (vgl. MyC4 2009a). Da bisher jedoch erst Kredite in sieben afrikanischen Ländern vergeben wurden und auch deren Summe beim geschätzen Bedarf an Mikrokrediten (vgl. 2.2) eher als gering einzuordnen ist, wirken die Zielvorgaben sehr optimistisch und dienen eher zu Marketingzwecken.

Um bei MyC4 zu investieren müssen Investoren sich einen Account erstellen und Geld darauf übertragen. MyC4 führt die Benutzerkonten in Euro, die Kredite werden in der jeweiligen Landeswährung gewährt und auch zurückgezahlt. Die Investoren tragen die sich daraus ergebenden Wechselkursrisiken (vgl. P2P-Kredite 2008) und das Kreditausfallrisiko.

MyC4 unterscheidet bei den MFIs zwischen Informationsprovidern (Provider), die Kreditanwärter sichten und auswählen, und den Verleihern (Lendern), die für die finanzielle Abwicklung zuständig sind, wenn ein Kredit zustande kommt. Beide Rollen kann jedoch auch ein und dasselbe MFI einnehmen.

Die Provider wählen Kreditanwärter aus, die ihren Ansprüchen gerecht werden. MyC4 gibt vor, sich bei der Auswahl an den Zielen des UN Milleniumgipfels zu orientieren. Es sollen keine Geschäft unterstützt werden, die Menschenrechte verletzten, Menschen diskiminieren, Kinderarbeit ausnutzen, Korruption dulden oder die Umwelt belasten (vgl. MyC4 2009c). Die Provider erstellen nach der Überprüfung des Kreditnehmers eine englischsprachige Beschreibung des Geschäfts, erläutern die beabsichtigte Kreditverwendung und fügen mindestens ein Foto bei. Eine von MyC4 bereitgestellte Tabelle mit Fragen zur Person, zum Geschäft, dem sozialen Umfeld und zu eventuellen Sicherheiten wird ebenfalls ausgefüllt. Ferner haben potentielle Investoren Zugriff auf die Profilseiten zurückliegender, über MyC4 finanzierter, Projekte des Kreditnehmers.

Die Vergabe der Kredite erfolgt nach dem Prinzip der holländischen Auktion. Bis zum Ablauf der Auktion können Gebote ab 5 Euro mit Zinssätzen zwischen 0 und 25 % abgegeben werden. Sobald die Kreditsumme komplett abgedeckt ist, verdrängen neue Gebote mit niedrigeren Zinssätzen die älteren und senken den durchschnittlichen Kreditzinssatz. Der Kreditnehmer bzw. der zuständige Provider setzt vor dem Auktionsbeginn einen Höchstzinssatz fest. Nur wenn der durchschnittliche Kreditzins am Ende der Auktion geringer als der Höchstzinssatz ist, wird der Kredit ausgezahlt. Da alle Gebote und die Obergrenze öffentlich sind, entsteht ein Wettbewerb unter den Investoren, die sich gegenseitig unterbieten.

MyC4 überlässt die Risikoeinschätzung der Projekte den Investoren und nimmt keine eigene Einstufung der Kreditprojekte oder der Institute vor (vgl. MyC4 2009b). Die Investoren müssen die verfügbaren Informationen selbst bewerten und neben den Wechselkursrisiken auch das Ausfallrisiko über den zu fordernden Zinssatz abdecken. Als Indikator dafür wird für jedes MFI das Portfolio at risk ausgewiesen. Die Toleranz von PAR liegt bei sieben Tagen und wird nochmals aufgeschlüsselt in den Bereich 8 - 37 Tage, 38 - 97 Tage sowie 98 - 187 Tage. Angegeben werden auch die Summen der ausgezahlten und zurückerhaltenen Gelder und die Ausfallrate in Prozent sowie die Anzahl und der Betrag der ausgefallenen Kredite. Jedes MFI hat zudem die Möglichkeit sich mit Texten und Bildern auf der eigenen Profilseite, auf der auch die oben genannten Kennzahlen angegeben werden, zu präsentieren. Für aktuelle Mitteilungen stellt die Plattform jedem Mitglied und damit auch jedem Provider und Lender einen eigenen Blog bereit.

Die Refinanzierung von MyC4 und den MFIs wird von den Kreditnehmern getragen und erfolgt über die Aus- und Rückzahlungen der Projekte. MyC4 behält von jedem Kredit und jeder Rückzahlung vorher festgelegten Prozentsatz ein. Die Institute ziehen von den gleichen Zahlungsströmen eine anteilige Gebühr ein, deren Höhe jedoch von Fall zu Fall variieren kann (Siehe Abbildung 5). Die anfallenden Gebühren sind dabei für jeden Interessenten öffentlich einsehbar. Auch der jährliche Zinssatz, den der Kreditnehmer inklusive aller Gebühren zu zahlen hat, wird publiziert. Diese erscheinen mit 20 % bis 50 % zwar sehr hoch, für kleine und mittelständische Unternehmen in Entwicklungsländern gibt es aber nur wenige Alternativen. Oft bleibt nur der informelle Sektor, der mit bis zu 100 % und mehr Zinsen p. a. deutlich teurer ist (vgl. 2.2). Nach einer von MyC4 veröffentlichten Studie waren ihre Kredite in den Ländern immer am günstigsten bzw. zweitgünstigsten (vgl. USAID 2008, S. 25).

Als weitere Sicherheit für die Investoren ist bei vielen Investitionsprojekten eine Versicherung in den Abschlussgebühren enthalten, die je nach Ausprägung z. B. im Todesfall oder bei Naturkatastrophen die Rückzahlung abdeckt. Kommt es dennoch zu einem Kreditausfall informiert der zuständige Provider im Blog des Kreditnehmers über die Gründe und ob es sich lohnt, weitere Schritte einzuleiten.

Neben den bereits erwähnten Blogs zu jedem Geschäft und Provider existiert auch ein offizielles Forum, in dem sich Investoren und Mitarbeiter von MyC4 untereinander austauschen können. Dort werden ebenfalls von offizieller Seite Berichte von Konferenzen sowie geplante Änderungen verkündet und es wird über mögliche Verbesserungen diskutiert. In einem Forumsbeitrag vom 27.02.2009 z. B. verspricht MyC4 auch Zahlungen auf bereits abgeschriebenen Krediten, etwa aus der Sicherheitenverwertung oder nach Gerichtsverhandlungen an die Investoren weiterzuleiten (vgl. MyC4 2009d). Dies ist technisch bisher aber noch nicht möglich und die Gelder werden bis dahin einbehalten.

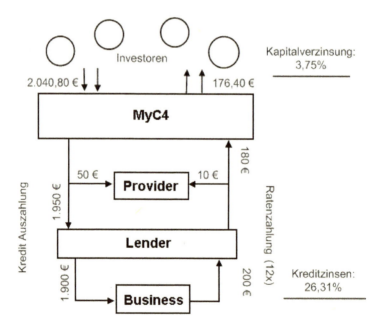

Abbildung 5 – Plattform- und MFI-Entlohnung bei MyC4 mit fiktiven Zahlen

Wie bei Kiva werden auch hier MFIs nicht ohne Überprüfung für die MyC4 Plattform zugelassen. Neben dem Screening vor der Zulassung wird auch eine kontinuierliche Kontrolle der einzelnen Institute durchgeführt, um Betrug auszuschließen und ein „acceptable level of quality" (MyC4 2009b) zu wahren. Was ein akzeptables Qualitätsniveau darstellt, wird jedoch nicht erläutert. Schließlich ist auch das Portfoliowachstum der Provider eine „function of their performance" (MyC4 2009b), auf die ebenfalls nicht näher eingegangen wird.

Durch die Vorauswahl der Kreditnehmer und die Vielzahl an Informationen zur Person und zum Geschäft sowie den Angaben zu vorhandenen Sicherheiten soll eine „adverse selection" verhindert werden. Unternehmer mit einem höheren Ausfallrisiko können aufgrund der dargelegten Zahlen nur einen entsprechend höher verzinsten Kredit erhalten. Liegt der von dem Kreditnehmer festgelegte Höchstzinssatz darunter, wird der Kredit nicht ausgezahlt. Kreditnehmer mit geringeren Risiken können hingegen mit günstigen Konditionen rechnen. Durch die Sicherheiten wird ferner eine wechselseitige Abhängigkeit geschaffen. Der Kreditnehmer muss mit der Verwertung der Sicherheiten rechnen, wenn er den Principal in eine „hold up"-Situation bringt. Verhält er sich jedoch vertragskonform muss er bei termingerechten Zahlungen nicht mit einer Verwertung der hinterlegten Sicherheiten rechnen. Von einer erfolgten Tilgung profitieren auch die Provider und Lender. Die Provisionen der Institute sind, wie zuvor ausgeführt, auch an die Rückzahlungen gekoppelt. Zwar wird ein Teil bereits bei der Kreditvergabe gezahlt, der meist größere Anteil fließt den beteiligten Instituten aber erst bei erfolgter Tilgung der Raten zu. Dieser Interessensangleich mit den Investoren sorgt in Verbindung mit den günstigen Konditionen dafür, dass es sich für alle Beteiligten lohnt eine längerfristige Geschäftsbeziehung einzugehen.

4.3   Microplace.com

Bei Microplace handelt es sich um eine 100 %-ige Tochterfirma von Ebay, die als „broker and dealer" bei der SEC registriert und Mitglied der Financial Industry Regulatory Authority (FINRA) ist (vgl. Microplace 2007). Die FINRA überwacht alle mit Wertpapieren handelnden Personen. Die Microplace Webseite nahm ihren Betrieb am 24. Oktober 2007 auf und bietet seitdem Mikrokredite mit Gewinnbeteiligung für Privatpersonen an (vgl. Microplace 2007). Die Plattform von Microplace entspricht im Aussehen und in der Bedienung den etablierten Peer-to-Peer Banking Plattformen, bietet aber ein anderes Konzept an. Investoren können keine Einzelpersonen oder

Gruppen auswählen, denen sie einen Kredit geben möchten. Stattdessen suchen die Investoren ein MFI aus, das innerhalb einer Region oder eines Landes nach eigenen Richtlinien das Geld weiterverleiht. Das Kapital wird den Instituten aber nicht direkt überwiesen. Der Investor erwirbt standardisierte verbriefte Sicherheiten eines von der SEC zugelassenen Emittenden. Dabei handelt es sich um überregionale non-Profit Organisationen wie die Calvert Foundation oder Oikocredit, die das Kapital wiederum an die vom Investor ausgewählten MFIs transferieren. Im Gegenzug bekommen die Investoren ihre Einlagen verzinst und nach Ablauf der Laufzeit wieder ausbezahlt. Sie könnten ihre Anteile aber auch veräußern, da es sich um verbriefte Sicherungen handelt (vgl. p2plendingnews 2007). Zurzeit gestattet microplace diesen Handel nicht (vgl. Microplace 2009a).

Die MFIs wiederum können nach eigenen Richtlinien Kreditnehmer auswählen und ihnen Kredit vergeben. Der Investor hat keinen Einfluss mehr auf diese Auswahl. Microplace ist demzufolge auch keine direkte oder intermediäre Peer-to-Peer Plattform, auch wenn das Look & Feel diesen entspricht. Es ist jedoch ein interessantes Modell, das zeigt, wie sich eine sozial motivierte Onlineplattform aufstellen und Risiken streuen kann.

Vorteilhaft für den Investor sind die Verzinsung und das verteilte Risiko. Fällt ein Kreditnehmer eines MFIs aus, hat dies nicht zwingend den Verlust des investierten Kapitals zur Folge. Selbst wenn das MFI, in das investiert wurde, einen Kredit nicht fristgerecht an den Emittenten zurückzahlt, so kann der Emittent den Kreditgeber mit aus Zinsüberschüssen gebildeten Rücklagen bedienen (vgl. Microplaceblog 2008). Da jeder Emittent mit mehreren MFIs zusammenarbeitet, wird auch das Ausfallrisiko der Investoren über diese Institute und damit über verschiedene Länder und Kontinente gestreut. Dieses Modell wird in Abbildung 6 verdeutlicht. Die SEC kontrolliert die Rechtmäßigkeit der Geschäfte und übernimmt für den Investor die Rolle eines „delegated monitors" (vgl. 3.3), dabei sind Schutz der Investoren und ein fairer Handel die primären Ziele der Aufsichtsbehörde darstellen (vgl. SEC 2009).

Für die non-Profit Organisationen, die bei Mircoplace als Emittent auftreten, ist der in ihnen offen stehenden alternativen Vertriebsweg vorteilhaft (vgl. USAID 2008, S. 16). Über die Plattform werden mehr potentielle Investoren erreicht, da auch kleine Beträge ab 20 US-Dollar unkompliziert und schnell investiert werden können. Durch die enge Zusammenarbeit mit der amerikanischen Ebay-Plattform wird diese Möglichkeit der Kreditvergabe auch Personen bekannt, die sich ansonsten nicht mit

Mikrokrediten beschäftigen würden. Diese Zusammenarbeit spiegelt sich beispielsweise in den Aktionen zum Valentins- und Muttertag in 2009 wider, bei denen die amerikanischen Ebay-Kunden aufgefordert wurden, eine gute Tat, in Form einer Investition in ein MFI, zu verschenken (vgl. Microplace 2009b; Microplace 2009c).

Als Gegenleistung für das eingegangene Risiko bietet Microplace eine Verzinsung des angelegten Kapitals an. Microplace bietet aktuell eine Investitionsmöglichkeit mit 6 % Rendite p. a. bei einer Laufzeit von drei Jahren an (Stand: 05.06.2009). Mit einer Rendite von mehr als 3 % gibt es zur Zeit nur drei Investitionsmöglichkeiten, während im Bereich von 1 % bis 3% Rendite mit 73 Investitionsangeboten eine deutlich größere und vielfältigere Auswahl angeboten wird (vgl. auch p2plendingnews 2009).

Zu jedem MFI-Profil bietet Microplace einen umfangreichen Verkaufsprospekt an, in dem die Risiken beschrieben werden, Rechtsbelehrungen erfolgen und Bilanzen der beteiligten Organisationen dargestellt werden. Diese Prospekte sind jedoch sehr komplex und für Interessenten ohne entsprechendes Hintergrundwissen zu Mikrokrediten oder Investments im Allgemeinen nicht zu verstehen. Dieses Bild bestätigt sich auch auf den Hilfeseiten, die sehr kurz gehalten sind und Personen, die noch keine Informationen zu Mikrokrediten haben, nur einen groben Überblick bieten. Schuldig bleibt Microplace auch sämtliche Zahlen und Durchschnittswerte der Plattform, wie man sie etwa von Kiva oder MyC4 präsentiert bekommt. Die Konditionen der an die Kreditnehmer vermittelten Kredite werden ebenfalls nicht veröffentlicht und somit wird nicht transparent, wie und in welchem Umfang die MFIs davon profitieren.

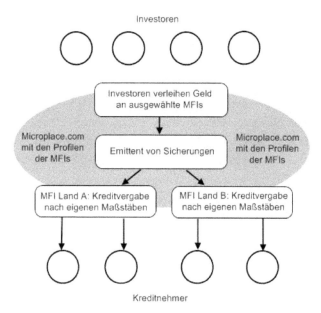

Abbildung 6 - Modell der Mikrokreditvergabe bei Microplace.com (vgl. USAID 2008, S. 17)

Die Austauschmöglichkeiten der Mitglieder untereinander sind bei microplace ebenfalls sehr begrenzt. Bei jedem MFI, in das investiert werden kann, können Kommentare von bereits investierten Nutzern abgegeben werden. Zwar existiert auch ein Hauptmenüpunkt mit dem Titel „Community", dahinter verbirgt sich jedoch kein Forum, Blog oder ein ähnliches Kommunikationsmittel. Präsentiert werden dort auch keine Inhalte, die von anderen Benutzern erzeugt wurden, sondern Videos, Bilder und Texte, die von Microplace ausgewählt, zusammengestellt und hochgeladen wurden. Sie sollen die Meinungen von anderen Nutzern widerspiegeln. Die Botschaften, die damit vermittelt werden, erinnern aber mehr an Werbung als an kritische Auseinandersetzungen mit den Themen. Microplace nutzt die Möglichkeiten der Kommunikation, die Onlineplattformen bieten, nur im geringen Maße. Eine Reduktion der in der Principal Agent Theory beschriebenen asymmetrischen Informations-verteilung ist damit nur bedingt gegeben.

Die Principal Agent Beziehungen werden auf Grund der zwischengeschalteten Emittenten im Vergleich zu normalen Peer-to-Peer Banking Plattformen mit intermediärem MFI um eine Ebene erweitert. Für Investoren ist nicht ersichtlich, zu welchen Konditionen das Kapital von den Emittenten an die Kreditnehmer übertragen wird. Es ist nicht bekannt, ob und wie diese asymmetrische Informationsverteilung verringert werden soll.

Obwohl ein Investor das MFI selbst auswählen kann, dem das Kapital zukommt, trägt er das Risiko aller MFIs, die ein Emittent vertritt. Durch diese Bündelung sind im Falle eines (Teil-)ausfalls der Investitionssumme für den Investor die Ursachen schwer nachzuvollziehen. Bisher ist laut microplace noch keine Investition ausgefallen (vgl. Microplaceblog 2008).

Die Kosten pro Kredit werden reduziert, weil die MFI - anders als bei kiva oder MyC4 - keine regelmäßigen Statusberichte abgeben und, keine Datenbanken für Investoren pflegen müssen. Neue Kreditnehmer müssen sich nicht erst über ein Onlineportal um einen Kredit bewerben, auch dieses Vorgehen verringert die Kosten pro Kredit und beschleunigt die Abwicklung. Vorteilhaft für die Institute sind auch die längeren Laufzeiten der empfangenen Kredite, die nicht von der Laufzeit eines gewährten Kredites abhängig sind. Nach erfolgreicher Tilgung eines Kredites kann das Kapital während der Laufzeit des Investments wieder verliehen werden, ohne das eine neuerliche Ausschreibung wie bei anderen Plattformen erforderlich wäre. Die MFIs können demzufolge langfristiger planen.

4.4 Betterplace.org

Anders als die drei vorangegangenen Onlineplattformen bietet betterplace.org keine Mikrokredite für Empfänger in Entwicklungsländer an, sondern ist eine Peer-to-Peer Spendenwebseite. In der Art und Weise, wie sich die Plattform finanziert und mit welchen Mitteln die Nutzer der Plattform von der Integrität der Spendenprojekte überzeugt werden, ist sie jedoch ein gutes Beispiel, wie Peer-to-Peer Banking mit Mikrokrediten auch funktionieren könnte.

In 2007 gegründet bietet betterplace jedem die Möglichkeit, eigene Projekte einzupflegen und zu präsentieren, um Spender für eigene Projekte zu gewinnen. Gespendet werden können vornehmlich Geldbeträge, aber auch Sachwerte oder die Arbeitskraft bzw. Fachwissen. Ähnlich wie bei Krediten spielt auch bei Spenden das Vertrauen eine entscheidende Rolle. Um dieses Vertrauen über die Anonymität des Internets zu vermitteln, hat betterplace verschieden Methoden entwickelt.

Zum einen werden die benötigten Geldbetrage offen kommuniziert und bei Bedarf auch aufgeschlüsselt. Nutzer können so beispielsweise entscheiden, ob sie für ein Aidswaisenhaus in Kenia spenden möchten und ob diese Spende für einen Fussballplatz, die neue Krankenstation oder für die neuen Betten genutzt werden soll. Ein weiterer Punkt, der Vertrauen schaffen soll, ist das „web of trust" – das Vertrauensnetzwerk. Hierbei setzt betterplace auf die Gemeinschaft der Nutzer und deren Verbindungen und Beziehungen untereinandern. Als Fürsprecher, Besucher, Unterstützer oder Sponsor zeigen die Nutzer ihr Engagement für ein Projekt und helfen so Vertrauen zu schaffen. Fürsprecher sind „Menschen, die auf Grund persönlicher Erfahrung, direkter Beziehung oder speziellem Wissen für ein Projekt und dessen Seriosität „einstehen"" (Betterplace 2009a). Besucher haben ein Projekt vor Ort besichtigt, mit Verantwortlichen oder Betroffenen geredet und berichten darüber auf betterplace. Unterstützer sind Personen, die bereits für dieses Projekt gespendet haben. Als Sponsoren treten Unternehmen auf, die ihre Corporate Social Responsibility (CSR) auf betterplace darstellen wollen. Für dies Präsentationsmöglichkeit und die Beratung, wie sich ein Unternehmen am besten darstellen kann, berechnet betterplace Gebühren. Diese Einnahmen finanzieren neben Spenden die Plattform. Dadurch können Spenden ohne Abzüge an die Projekt-verantwortlichen weitergeleitet werden. Die Dritte Säule, die Vetrauen erzeugen soll, bilden die regelmäßigen Fortschrittsmeldungen der Verantwortlichen. Sie dokumentieren vorzugsweise mit Bildern oder Videos, was mit den gespendeten Beträgen bereits gekauft wurde und woran es noch fehlt. Diese regelmäßigen Dokumentationen können vor allem bei großen Projekten für das Vertrauen der Spender werben. Kleine komplett finanzierte Abschnitte werden umgesetzt und präsentiert, sodass Nutzer erste Erfolge sehen und für weitere und eventuell teurere Abschnitte spenden.

Da Unternehmen als Sponsoren und Spender die Plattform finanzieren, ist ein tadelloser Ruf für betterplace unumgänglich. Um Skandale und damit dem Abwandern von Sponsoren und Spender vorzubeugen, setzt die Plattform auf eine größtmögliche Transparenz und Kommunikation. Dafür wird ein umfangreiches Netzwerk unter den Nutzern aufgebaut, wie man es von sozialen Plattformen wie facebook aber auch von studivz kennt. Jeder Nutzer kann sich ein Profil mit Bildern anlegen, Freunde einladen und sich mit ihnen verbinden und über interne Nachrichten kommunizieren. Ferner können Gruppen gegründet werden, die sich zusammenfinden um zu speziellen

Anlässen oder Terminen gemeinsam Projekte zu unterstützen. Durch diese Gemeinschaft entsteht die Grundlage für das bereits beschrieben „web of trust". Für die Zukunft plant betterspace über dieses Vertrauensnetzwerk auch anzuzeigen, ob und über wen man Fürsprecher oder Spender eines Projektes kennt (vgl. Betterspace 2009b).

Die Spendensumme wird von betterplace erst an den Projektverantwortlichen weitergeleitet, wenn sie komplett finanziert ist. Damit wird eine zwischenzeitlich missbräuchliche Verwendung für andere Zwecke verhindert (vgl. Betterspace 2009b). So kann eine Auszahlung auch noch unterbunden werden, wenn sich negative Anzeichen in Verbindung mit dem Projekt oder den Verantwortlichen ergeben. Jeder, der ein Spendenprojekt auf der Plattform einstellt, kann entscheiden, wie umfangreich er über sein Projekt berichtet. Durch eine 5-Sterne-Bewertung, die jedes Mitglied vornehmen kann, wird dieser Aufwand belohnt oder bei unzureichendem Umfang mit wenigen Sternen abgestraft. Eine schlechte Bewertung schlägt sich im Ranking der Projektsuche nieder. Damit entsteht ein Wettbewerb unter den Spendenbewerbern, der durch überzeugende Inhalte und Transparenz entschieden wird. Dieser Wettbewerb kommt einer „self selection" (vgl. 3.2) in einer Principal Agent Beziehung gleich, da Organisationen ihre Qualitäten in den Vordergrund stellen werden, um sich gegen die Konkurenz zu behaupten. Wenn die Verantwortlichen auf schlechte Bewertungen der Nutzer nicht reagieren, wird eine Finanzierung des Projektes länger dauern oder garnicht stattfinden. Da die Bewertungen jedoch von jedem registrierten Nutzer abgegeben werden können und die Registrierung nur Name, Vorname und eine gültige email-Adresse voraussetzt, kann ein Missbrauch nicht ausgeschlossen werden. Eine Gewichtung der Stimmen zu Gunsten aktiver Mitglieder oder eine Anmeldung mit Identitätsüberprüfung würde dieses Risiko verringern.

4.5   Vergleich der Lösungsansätze

Beim Vergleich der Lösungsansätze der ausgewählten Onlineplattformen wird primär Wert auf die Auswirkungen der asymmetrischen Informationsverteilung gelegt. Kiva und MyC4 bieten beide ein hohes Maß an Transparenz hinsichtlich der Daten über die Kreditnehmer und die zuständigen MFIs. Auch der Ablauf der Kreditgeschäfte wird offen dargestellt, was sich bei MyC4 auch auf die Provisionsbeträge der Intermediäre sowie auf die Jahreszinsen der Kreditnehmer erstreckt. Da MyC4 auch vorhandene Sicherheiten und deren Gegenwert aufführt, können Investoren davon ausgehen, dass damit die Tendenz zu opportunistischem Verhalten unter den Kreditnehmern reduziert wird. Ob Kiva oder Microplace bzw. deren Institute auch Sicherheiten verwerten ist nicht bekannt. Dafür sorgt Kiva mit eindeutigeren MFI-Zulassungsbedingungen für eine qualitativ gute Basis unter den Intermediären. Außerdem werden die Arbeiter vor Ort mit dem Kiva Fellows Programm unterstützt und besser ausgebildet, dies soll zu besseren Screeningergebnissen führen.

Aufgrund der mangelnden Angaben hinsichtlich der Abwicklung und der Provisionen für die Intermediäre bei Microplace ist eine Bewertung schwierig. Es kann aber wohl davon ausgegangen werden, dass die Kreditzinsen sich auf einem ähnlichen Niveau wie bei den beiden anderen Plattformen bewegen. Dadurch ergibt sich für die Kreditnehmer ein Vorteil, die sich längerfristig an ein MFI binden können, das von einer der Plattformen finanziert wird.

Plattform Verhinderung von ...	Kiva	MyC4	Microplace
... verborgenen Eigenschaften	✓ ✓	✓	-
... verborgenen Handelungen und verborgenen Informationen	✓	✓	-
... verborgenen Absichten	✓	✓ ✓	✓

Tabelle 3 - Vergleich der Plattformen

5   Fazit

Mikrokredit, vergeben über Peer-to-Peer Plattformen im Internet, stellen eine ernstzunehmende Alternative zur herkömmlichen Entwicklungshilfe dar. Da viele private Kreditnehmer in den Entwicklungsländern jedoch keine Möglichkeit haben, einen Internetanschluss zu nutzen und oftmals auch kein Zugang zu Finanzdienstleistern besteht, müssen Intermediäre eingesetzt werden. Bei den vorgestellten Plattformen handelt es sich daher nicht um Peer-to-Peer Plattformen im engeren Sinne. Intermediäre sind nötig um die Verbindung der Plattformen mit den Kreditnehmern herzustellen und die Finanztransaktionen abzuwickeln. Meistens handelt es sich um Mikrofinanzinstitute, durch deren Einsatz nicht nur zusätzliche

Kosten entstehen. Sie können außerdem Eigenschaften und Absichten haben, die nicht mit den Interessen der Kreditgeber übereinstimmen. Im Rahmen der Principal Agent Theory spricht man von asymmetrischer Informationsverteilung. Nutzen sie als Agenten diese Informationen, die der kreditgebende Principal nicht hat, für eigene Zwecke und schaden damit dem Kreditgeber, handeln sie opportunistisch. Komplett ausgeschlossen werden können opportunistische Tendenzen weder bei den Instituten, noch bei den Kreditnehmern. Die Plattformen haben jedoch verschiedene Methoden entwickelt, um diesen Risikofaktor zu verringern. Vor allem Kiva und MyC4 versuchen mit größtmöglicher Transparanz bei Investoren Vertrauen zu schaffen. Interessenten können beispielsweise gezielt nach bereits ausgefallenen Krediten suchen und die Ursachen und den Umfang analysieren. Da auch Informationen über erfolgreich getilgten Darlehen abrufbar sind, erhalten potentielle Investoren zumindest einen groben Überblick über die Historie der Plattform. Diese wird meist durch kumulierte Zahlen, Statistiken und archivierte Medienberichte untermauert.

Im Zuge der medialen Erfolge der Plattformen, allen voran Kiva, sind viele Projekte entstanden, die das Prinzip teilweise kopieren. Microplace, eine Ebay-Tochtergesellschaft, setzt primär auf die Kontrolle der SEC, bietet aber auch keine direkte Auswahl von Kreditnehmern für die Investoren. Damit gehört die Plattform aber nicht mehr in die Kategorie der intermediären Peer-to-Peer Plattformen wie kiva oder MyC4. Mit Investors Without Borders kündigte eine noch in der Entwicklung befindliche Plattform auch direkte Peer-to-Peer Mikrokredite an (vgl. USAID 2008). Die steigene Anzahl an Alternativen bringt aber nicht nur Vorteile sondern auch Nachteile: Der Wettbewerb um Marktanteile kann die Vorteile von Peer-to-Peer in Form von günstigen und unkomplizierten Mikrokredite relativieren. Die Plattformen müssen mehr in die Differenzierung investieren, um sich von möglichen „schwarzen Schafen" abzugrenzen, die ansonsten der gesamten Branche Schaden zufügen könnten (vgl. Burand 2009, S. 11).

Eine Möglichkeit der Abgrenzung ist auch eine stärkere Einbindung der Nutzer. Kiva ermöglicht mit dem Fellows Programm bereits Interessierten sich ein Bild vor Ort zu machen, aktiv mitzuhelfen und anderen Nutzern darüber zu berichten. Auch solche Aktionen verringern die asymmetrische Informationsverteilung zwischen Kreditgeber und –nehmer. Der Weg von Betterplace, durch Nutzer die Projekte bzw. Organisationen bewerten zu lassen könnte sich auch bei Mikrokrediten als sinnvoller

Ansatz erweisen. Die Kosten einer Vorauswahl würden reduziert und die Gemeinschaft der Nutzer wird gestärkt.

Ob sich die über Onlineplattformen finanzierten Mikrokredite über eine längere Zeit etablieren können, lässt sich noch nicht abschätzen. Viele der Plattformen befinden sich noch in einem Beta-Status (u. a. MyC4), so dass sich ihre Funktionen oder ihre Konzepte noch verändern können. Der Erfolg von über Peer-to-Peer Banking finanzierten Mikrokrediten hängt aber nicht nur von den Plattformen ab. Klärungsbedarf besteht auch bei der Frage, ob die Konditionen wirklich günstiger sind, als konventionell finanzierte Mikrokredite. Trifft es zu, ergibt sich daraus ein Vorteil für Kreditnehmer und –geber. Auf Seiten der Kreditnehmer bestünde der Vorteil in günstigeren Krediten. Die Kreditgeber könnten unter diesen Umständen davon ausgehen, dass die Schuldner einen hohen Einsatz zeigen, um sich diese günstige Kreditquelle auch für spätere Zeitpunkte offen zu halten.

Im Zuge der Frage, ob Peer-to-Peer Mikrokredite günstiger sind als andere, könnte auch geklärt werden, ob sich damit eine Win-Win-Situation ergibt, bei der alle Beteiligten profitieren, wie es u. a. MyC4 verspricht. Andere Plattformen wie Kiva rücken mehr den sozialen Charakter in den Fokus und zahlen höchstens das eingesetzte Kapital ohne Zinsen zurück.

In jedem Fall ist es für den Investor ein besonderes Ereignis, über Peer-to-Peer Plattformen Mikrokredite zu gewähren. Er sieht direkt, wem er sein Geld leiht und wofür es verwendet wird. Auf diese Weise kann der Investor nicht nur wirtschaftlich provitieren, sondern er bekommt auch das Gefühl, etwas Gutes getan zu haben.

Literaturverzeichnis

(Akerlof 1970):   Akerlof, G.: The Market for "Lemons": Quality Uncertainty and the Market Mechanism. In: The Quarterly Journal of Economics, Vol. 84, No. 3. (Aug., 1970), S. 488-500.

(Alparslan 2005):   Alparslan, A.: Strukturalistische Prinzipal-Agent-Theorie, Essen 2005.

(Anand; Rosenberg 2008):   Anand, M.; Rosenberg, R.: Are We Overestimating Demand for Microloans.   http://www.cgap.org/gm/document-1.9.2724/Brief_Overestimating_0408.pdf, 2008-04-18, Abruf am 2009-04-24.

(Arrow 1985):   Arrow, K. J.: The Economics of Agency. In: Pratt J. W.; Zeckhauser R. J. (Hrsg.): Prinzipals and Agents: The Structure of Business, Boston 1985, S. 37-50.

(betterplace 2009a): Betterplace: Wie's   funktioniert   -   Überblick. http://de.betterplace.org/how_it_works/overview, Abruf am 2009-06-05.

(betterplace 2009b): Betterplace: Wie's   funktioniert   -   FAQ. http://de.betterplace.org/how_it_works/faq, Abruf am 2009-06-05.

(Burand 2009):   Burand, D.: Microfinance Managers Consider Online Funding: Is It Finance,   Marketing,   or   Something   Else   Entirely? http://www.cgap.org/gm/document-1.9.34243/FN54.pdf, 2009-04, Abruf am 2009-06-09.

(CGAP 2008):   CGAP: Microfinance   Donors   &   Investors http://www.cgap.org/p/site/c/template.rc/1.26.2114/, Abruf am 2009-04-24.

(Dietl 1993):   Dietl, M.: Institutionen und Zeit, Tübingen 1993.

(DBResearch 2007):   Deutsche Bank Research: Microfinance: An emerging investment opportunity. http://www.dbresearch.com/PROD/DBR_INTERNET_EN-PROD/PROD0000000000219174.pdf, 2007-12-19, Abruf am 2009-5-22.

(Eberlein; Grund 2006): Eberlein, M., Grund, C.: Ungleichheitsaversion in Prinzipal-Agenten-Beziehungen. In: Journal für Betriebswirtschaft (2006) 56, S. 133–153

(Ehrbeck 2006):   Ehrbeck, T.: Optimizing Capital Supply in Support of Microfinance Industry   Growth. http://www.seepnetwork.org/files/4702_file_Optimising_Capital_Supply_in_Support_of_Microfinance_Industry_Growth.pdf, 2006-10-24, Abruf am 2009-05-23.

(Erkens 2006):   Erkens, R.: Entwicklung kann man nicht kaufen, Potsdam 2006.

(Ertel; Rao 2006):   Ertel, M.; Rao, P.: Frauen sind umsichtiger. In: Der Spiegel 49/2006, S. 144.

(FINCA 2008):   FINCA   International: Annual   Report   2007. http://www.villagebanking.org/atf/cf/%7BF69F69E6-275A-4FA1-BC75-649E1EDCD1A4%7D/Annual%20Report%2007.pdf, 2008-11-13, Abruf am 2009-04-24.

(Gartner 2008):   Gartner Researches: Gartner Says Social Banking Platforms Threaten Traditional   Banks   for   Control   of   Financial RelationshipS. http://www.gartner.com/it/page.jsp?id=597907, 2008-02-06, Abruf am 2009-05-19.

(HBR 2009):   Sviokla, J. (Havard Business Review): Forget Citibank – Borrow from Bob.   http://hbr.harvardbusiness.org/web/2009/hbr-list/forget-citibank-borrow-from-bob, Abruf am 2009-05-19.

(Holst 1996):   Holst, J.: Kredit und Vertrauen, Göttingen 1996.

(Hulme, Wright 2006): Hulme, M., Wright, C.: Internet based social lending: Past, Present and Future,
http://www.socialfuturesobservatory.co.uk/pdf_download/internetbasedso ciallending.pdf, 2006, Abruf am 2009-05-26

(Jost 2001): Jost, P.-J.: Die Prinzipal-Agenten-Theorie in der Betriebswirtschaftslehre, Stuttgart 2001.

(Kiva 2005): Kiva: Kiva.org Merges Philanthropy and Venture Capital with First-ever Microlending Web Site http://www.kiva.org/about/release_20051012, 2005-10-12, Abruf am 2009-04-26.

(Kiva 2009a): Kiva: Press Center – Facts & Statistics. http://www.kiva.org/about/facts/, Abruf am 2009-05-30.

(Kiva 2009b): Kiva: Field Partner Information Center - The Kiva Model. http://www.kiva.org/about/pic_model, Abruf am 2009-04-26.

(Kiva 2009c): Kiva: Field Partner Risk Rating. http://www.kiva.org/app.php?page=help&action=fieldPartnerRiskRating, Abruf am 2009-05-22.

(Kiva 2009d): Kiva: Supporters. http://www.kiva.org/about/supporters/, Abruf am 2009-05-22.

(Kiva 2009e): Kiva: Kiva Help - About the Entrepreneur(s). http://www.kiva.org/app.php?page=help&action=entrepreneurSummary# DateDisbursed, Abruf am 2009-05-22.

(Kiva 2009f): Kiva: Kiva Fellows Programm. http://www.kiva.org/about/fellows-program/, Abruf am 2009-05-23.

(Kivanews 2009):   Kivanews: April was the THIRD record breaking month on Kiva in a
                      row!   http://kivanews.blogspot.com/2009/05/april-was-third-record-
                      breaking-month.html, 2009-05-01, Abruf am 2009-05-22.

(Langenscheidt 2008): o. A.: Langenscheidt Großes Schulwörterbuch Lateinisch-Deutsch,
                      München 2008.

(Ledgerwood 1999):   Ledgerwood, J.: Microfinance Handbook: An Insitutional and Financial
                      Perspective, Washington D. C. 1999.

(Meinhövel 2004):   Meinhövel, H.: Grundlagen der Principal-Agent-Theorie. In: WiSt 33
                      (2004) 7, S. 470-475.

(Microplace 2007):   Microplace: MicroPlace Launches Investment Website to Address Global
                      Poverty.
                      https://www.microplace.com/press_room/show/microplace_launches_inv
                      estment_website_to_address_global_poverty,   2007-10-24,   Abruf   am
                      2009-05-04.

(Microplace 2009a):   Microplace: Help: After   Your   Invest.
                      https://www.microplace.com/customer_service/help_afterinvest,   Abruf
                      am 2009-05-04.

(Microplace 2009b):   Microplace: eBay Encourages Consumers to Make a Statement When
                      Shopping   for   a   Mothers   Day   Gift.
                      https://www.microplace.com/press_room/show/ebay_encourages_consu
                      mers_to_make_a_statement_when_shopping_for_a_mothers_day_gift,
                      2009-04-28, Abruf am 2009-05-24.

(Microplace 2009c):   Microplace: This Valentine's Day, MicroPlace Announces Invest With
                      Your   Heart   -   A   Different   Way   to   Show   Love.
                      https://www.microplace.com/press_room/show/this_valentine%E2%80%
                      99s_day,_microplace_announces_invest_with_your_heart_-
                      _a_different_way_to_show_love, 2009-02-03, Abruf am 2009-05-24.

(Microplaceblog 2008): Microplaceblog: Why should I invest on MicroPlace when the financial markets are in turmoil? http://www.microplaceblog.com/microfinance-investment/is-microfinance-a-safe-haven-in-today's-current-market-collapse/, 2008-09-22, Abruf am 2009-06-03.

(MyC4 2008): Myc4: Business Model. https://www.myc4.com/Images/Admin/Backgrounders/English versions/The business model (3).pdf, Abruf am 2009-04-25.

(MyC4 2009a): Myc4: Why the counter? https://www.myc4.com/Portal/Webforms/About/Default.aspx?NameKey =ABOUT_UN_MDG, Abruf am 2009-05-25.

(MyC4 2009b): Myc4: Frequently Asked Questions https://www.myc4.com/Portal/WebForms/About/Default.aspx?NameKey =MAIN_FAQ, Abruf am 2009-05-04.

(MyC4 2009c): Myc4: Code of Conduct. https://www.myc4.com/Images/Admin/FAQ/MYC4_Code_of_conduct_2 8.04.09.pdf, 2009-04-28, Abruf am 2009-06-06.

(MyC4 2009d): Myc4: Forum- Hot topics. https://www.myc4.com/Portal/WebForms/Forum/DisplayForumPost.aspx ?ForumPostId=6522&page=2, 2009-02-27, Abruf am 2009-05-22.

(Nuschler 2001): Nuschler, F.: Halbierung der absoluten Armut. In: Aus Politik und Zeitgeschichte, B 18-19/2001, S. 6-12.

(Nobelprize 2009): Nobel Foundation: All Nobel Laureates. http://nobelprize.org/nobel_prizes/lists/all/, Abruf am 2009-04-24.

(P2P-Kredite 2008): Lehmann, C.: Neues MyC4 Release - Wechselkursrisiko auf Anleger verlagert. http://www.p2p-kredite.com/neues-myc4-release-wechselkursrisiko-auf-anleger-verlagert_2008.html, 2008-05-27, Abruf am 2009-05-04.

(P2P-Kredite 2009):   P2P-Kredite.com: Kiva Anleger sollen Währungsrisiko mittragen.
                        http://www.p2p-kredite.com/kiva-anleger-sollen-wahrungsrisiko-
                        mittragen_2009.html, 2009,03-19, Abruf am 2009-05-05.

(p2plendingnews 2007):P2P Lending News: eBay's MicroPlace Readies for Launch.
                        http://www.p2plendingnews.com/2007/08/ebays-microplace-readies-for-
                        launch/, 2007-08-29, Abruf am 2009-05-27.

(p2plendingnews 2009):P2P Lending News: MicroPlace Advertising 6% Returns Heavily.
                        http://www.p2plendingnews.com/2009/04/microplace-advertising-6-
                        percen-returns-heavily/, 2009-04-07, Abruf am 2009-05-27.

(Paul 2006):   Paul, J.: Einführung in die allgemeine Betriebswirtschaftslehre,
                        Wiesbaden 2006.

(Pfeiffer 2008):   Pfeiffer, C.: Mikrokredite - Eine ökonomische Analyse, Hamburg 2008.

(Pratt; Zeckhauser 1985):   Pratt J. W.; Zeckhauser R. J.: Prinzipals and Agents: The Structure
                        of Business, Boston 1985.

(Ripperger 2003):   Ripperger, T.: Ökonomik des Vertrauens, 2. Aufl., Tübingen 2003.

(Schütt 2006):   Schütt, M.: Informationsmanagement auf elektronischen B2B-
                        Marktplätzen, München 2006.

(SEC 2009):   Securities and Exchange Commission: How the SEC Protects Investors,
                        Maintains Market Integrity, and Facilitates Capital Formation.
                        http://www.sec.gov/about/whatwedo.shtml, Abruf am 2009-06-09.

(Siems 2008):   Siems, S.: Kredite von Privatanlegern an Privatkonsumenten. In: Banken
                        + Partner (2008) 2, S. 30-32.

(Spielkamp 2005):   Spielkamp, M.: Tagebücher auf Speed. In: brand eins Wirtschaftsmagazin
                        (2005) 6, S. 78-79.

(Steinmetz; Wehrle 2004):   Steinmetz, R.; Wehrle, K.: Peer-to-Peer-Networking & -Computing. In: Informatik Spektrum 20 (2004) 1, S. 51-54.

(Terberger 2002):   Terberger, E.: Mikrofinanzierung: Allheilmittel gegen Armut? http://www.uni-heidelberg.de/presse/ruca/ruca3_2002/terberger.html, Abruf am 2009-04-25.

(Thoms 2008):   Thoms, C.: Mergers & Acquisitions vor dem Hintergrund des Principal-Agent-Problems, Krefeld 2008.

(USAID 2008):   USAID,: Person-to-Person Lending: Is Financial Democracy a Click Away? http://www.microlinks.org/ev_en.php?ID=27742_201&ID2=DO_TOPIC, 2009-09, Abruf am 2009-06-02. (Download über „mR 130 Person-to-Person Lending_Is Financial Democracy a Click Away.pdf").

(Worldbank 2006):   The World Bank: Microfinance in South Asia – Toward financial inclusion for the poor – December 2006. http://siteresources.worldbank.org/SOUTHASIAEXT/Resources/Publications/448813-1184080348719/fullreport.pdf, 2007-11-10, Abruf am 2009-04-24.

www.ingramcontent.com/pod-product-compliance
Lightning Source LLC
LaVergne TN
LVHW042259060326
832902LV00009B/1133